Nea Matzen ist Redakteurin bei »tagesschau.de« und arbeitet seit mehr als zehn Jahren als Onlinejournalistin. Sie ist ausgebildete Printredakteurin und hat während und nach dem Journalistikstudium freiberuflich Erfahrungen bei Radio und Fernsehen gesammelt. Seit 1995 arbeitet sie als Trainerin und Dozentin für praktischen Journalismus an verschiedenen Journalistenschulen und Universitäten.

Nea Matzen

Onlinejournalismus

UVK Verlagsgesellschaft mbH

Wegweiser Journalismus
Herausgegeben von Christoph Fasel
Band 8

Dank für Tipps und Anregungen an meine Co-Trainer und Gegenleser Sabine Geratz, Christian Radler, Olaf Rosenberg, Bettina Schütz und Erik Tuckow sowie auch an die vielen Seminarteilnehmer in den vergangenen Jahren.

Bibliografische Information der Deutschen Nationalbibliothek
Die Deutsche Nationalbibliothek verzeichnet diese Publikation in der Deutschen Nationalbibliografie; detaillierte bibliografische Daten sind im Internet über http://dnb.d-nb.de abrufbar.

ISSN 1866-5365
ISBN 978-3-86764-226-2

Einbandgestaltung: Susanne Fuellhaas, Konstanz
Konzeption und Layout: Claudia Wild, Konstanz
Korrektorat: Christiane Kauer, Bad Vilbel
Druck: Memminger MedienCentrum, Memmingen

UVK Verlagsgesellschaft mbH
Schützenstr. 24 · D-78462 Konstanz
Tel.: 07531-9053-0 · Fax: 07531-9053-98
www.uvk.de

Inhalt

Anmerkungen zum Buch

Im Buch werden bei Berufsbezeichnungen nur die männlichen Formen verwendet. Selbstverständlich sind die weibliche Formen jeweils mit gemeint.

Links zu Beispielen im Internet sind zum großen Teil in verkürzter Form dargestellt, verwandeln sich aber in die längere Fassung zurück und führen zu den entsprechenden Seiten, wenn man sie in den Browser eingibt.

Das Manuskript wurde Ende März 2010 abgeschlossen und alle Links überprüft.

Webseite zum Buch: www.wegweiseronline.de.

1 Wir gehen (fast) alle online

Fast alle Journalisten werden im Internetzeitalter ihre Arbeitsweisen ändern müssen. Nur wenige in diesem Beruf werden in Zukunft nur noch für Zeitungen, Magazine, Fernsehen oder Radio arbeiten.

Das heißt aber nicht, dass sie ihre Werte ändern müssen. Onlinejournalismus bleibt Journalismus. Unerlässlich ist es aber für Redakteure sowie Freiberufliche, Arbeitsweisen und Darstellungsformen im Netz zu kennen.

Das weitverbreitete Vorurteil »ja klar, dann machen wir jetzt mehr auf Boulevard«, das Redakteure häufig in Onlineseminaren äußern, wenn ihr Printprodukt oder ihre Sendung in Zukunft auch im Netz abrufbar sein soll, ist ein gravierender Irrtum. Sicher bleibt ein Boulevardmedium im Internet genau das und publiziert dort nach den Maßstäben, die für das Blatt oder die Sendung in der analogen Welt gelten oder galten.

Eine Lokalzeitung, ein Radiosender oder ein Nachrichtenmagazin wird sich aber ganz sicher im Netz nicht das in Jahrzehnten aufgebaute Profil und Image kaputt machen. Das gilt vor allem für das Kriterium Glaubwürdigkeit und die damit verbundene möglichst fehlerfreie und in jeder Hinsicht korrekte Berichterstattung.

Die Digitalisierung und der Ausbau des schnellen Datentransfers bewegen viel im Journalismus: neue Gestaltungsmöglichkeiten der recherchierten Inhalte, neue Erzähl- und Darstellungsformen, neue Wege der Kommunikation mit den Lesern, weltweite Abrufbarkeit der Angebote, immer neue technische Übertragungs-, Kommunikations- und Produktionswege.

Fundiertes Wissen über Journalismus im Internet wird eine immer wichtigere Qualifikation für den Nachwuchs im Beruf und für »Umsteiger« aus den anderen journalistischen

Definition

Internet und World Wide Web

Das ist nicht dasselbe: Das Internet ist ein Netzwerk von miteinander verbundenen Computern, über das Informationen ausgetauscht werden. Das WWW ist das System, das über Hypertext (»Hypertext Transfer Protocol« – HTTP) das Abrufen von Informationen aus dem Internet möglich macht. Ein Hyperlink oder Link ist die Verknüpfung mit einem anderen Dokument im Internet. Durch diese Verknüpfungen entsteht das weltweite Netz, das World Wide Web. Außer dem WWW gibt es u.a. die Internetdienste E-Mail oder *Instant Messaging* (Austausch von Informationen in Echtzeit).

Bereichen. Dieses Buch geht davon aus, dass das solide Handwerkszeug aus den klassischen Medien Fernsehen, Radio, Print genutzt werden kann und sollte – ergänzt um die technischen und gestalterischen Möglichkeiten des Onlinejournalismus. Multimedialität, Interaktivität und Hypertext erweitern den Fundus, aus dem kreative Journalisten schöpfen können. Einige neue Begriffe müssen gelernt werden (viele davon sind – wie auch in diesem Buch – Anglizismen), aber das ist nicht schwieriger als in der Zeit vor dem Internet. Freude an neuem Wissen und Spaß an Innovationen sind gute Begleiter für die aktiven Medienschaffenden, die Gestalter einer neuen Form des Qualitätsjournalismus.

Gesucht werden umfassend multimedial ausgebildete Journalisten bereits heute.

Ein Beispiel für eine aktuelle Stellenausschreibung ist auf der folgenden Seite abgebildet.

Onlinejournalismus erfordert einen anderen Zugang zu Themen. Das ist lernbar – für junge und für ältere Anfänger in diesem Berufsfeld. Nur weil jemand mit dem Zeitunglesen,

Beispiel

Der Bayerische Rundfunk sucht ab sofort eine/einen A/V-Producer/in in freier Mitarbeit bei BR-online.

Ihre Aufgaben:
- Bearbeiten von Radio- und Fernsehbeiträgen zur Publikation auf BR-online
- Schneiden und Nachbearbeiten von gedrehtem Material
- Schreiben von Teasern und Erstellen von Bildergalerien
- Bearbeiten von Fotos und Standbildern für Teaser, Bildergalerien, etc.
- Erzählen von Geschichten in Bild, Text und Ton in sog. Mediaboxen
- Erstellung von Verpackungen (für Videocasts) und Trailern
- Drehen von Interviews und Schnittbildern als VJ
- Mitarbeit bei der Entwicklung neuer multimedialer Elemente und Formate

Unsere Erwartungen:
- Hervorragende Allgemeinbildung
- Volontariat oder vergleichbare journalistische Ausbildung
- Kenntnis der Arbeitsabläufe in Radio-, Fernseh- und Onlineredaktionen
- Routinierter Umgang mit non-linearen A/V
- Schnittsystemen (z. B. Digas, Final Cut, o. ä.)
- Sicherer Umgang mit Kamera, Ton und Licht als VJ
- Hohe Motivation, Belastbarkeit, Kreativität, Teamgeist und Flexibilität
- Zuverlässigkeit und verantwortungsvolles Handeln

Interessiert Sie dieses anspruchsvolle Aufgabengebiet? Wir freuen uns auf Ihre Bewerbung!

(Quelle: Newsletter newsroom.de, Herbst 2009)

Fernsehen- oder Radiohören groß geworden ist, kann er oder sie noch lange nicht Beiträge für diese Medien produzieren. Das gilt genauso für Internetnutzer. Darstellungsformen und professionelle Standards in Print, TV, Radio und im Internet als Nutzer bestens zu kennen und kritisch beurteilen zu können, ist selbstverständlich eine gute Voraussetzung, wenn man für diese Medien arbeiten will. Aber der Eintritt in den journalistischen Beruf ist gewissermaßen immer ein Seitenwechsel vom Nutzer zum Macher. Auf geht's!

2 So geht's nur im Netz: das Besondere am Onlinejournalismus

Es gibt einige Alleinstellungsmerkmale des Onlinejournalismus:

- anderes Leseverhalten als bei Printmedien,
- ständige Aktualisierbarkeit,
- Hypertextualität, die zu nicht linearem Erzählen führen kann,
- einfachere und deshalb stärkere Interaktivität als bei anderen Medien,
- Multimedialität,
- unbeschränkter Umfang,
- Ubiquität, d. h. weltweite Abrufbarkeit.

Alle sieben Punkte haben Auswirkungen auf die Produktionsprozesse und die Arbeitsweisen in Onlineredaktionen.

Überfliegen, Klicken, Lesen

Im Normalfall ist das Leseverhalten im Internet flüchtiger als bei gedruckten Texten. Es ist gekennzeichnet durch schnelles Erfassen der Inhalte. Aber bei großem Interesse lesen User so intensiv wie Leser von Printprodukten. Wenn Nutzer klicken, lesen sie gute Texte meistens durch (Ergebnis der »Eyetrack-Studie III« von 2004). Gut geschriebene, zusammenfassende Einleitungen zu Beginn eines Berichts halten User nicht vom Lesen des ganzen Textes ab.

Definition

Wo der Blick hängenbleibt

Eyetrack-Studien sind qualitative Nutzerstudien; sie untersuchen das Leseverhalten relativ weniger Kandidaten (bei Eyetrack III 2003 waren es 46, in der Jakob-Nielsen-Usability-Studie 2006 waren es 232), dafür aber intensiv. Die Technik ermöglicht es, dem Blickverlauf zu folgen und aufzuzeichnen, wo die Augen bzw. Pupillen verweilen, um Informationen aufzunehmen. Dies geschieht entweder durch Brillen mit eingebauten Kameras, die auf das Auge gerichtet sind, oder über Kameras im Bildschirm, die den Blick darauf aufzeichnen. Die Synchronisation von Augenbewegung und Bildverlauf erlaubt dann eine recht genaue Aussage, wohin der Blick gelenkt wurde. Daraus lässt sich schließen, was die Probanden lesen. Auch seitliche Augenbewegungen können registriert werden. Mehr zu Eyetrack-Studien auf www.poynterextra.org/et/i.htm.

Lesen am Bildschirm im Vergleich zu Printprodukten:

- Es ist – je nach Auflösung und Einstellungen – anstrengender.
- Die Sichtfläche ist deutlich kleiner – kein Überblick über das Gesamtangebot.
- Kein bequemes oder gar gemütliches Schmökern: Zeitungen oder Magazine kann man u. a. mit in die Badewanne nehmen.
- Die Lesegeschwindigkeit ist online etwa 25 Prozent langsamer als auf Papier.

Bei Onlinemedien spricht man – wie mittlerweile allerdings auch bei Printprodukten – vom »Scannen« statt Lesen.

Die Vorteile beim Lesen von Onlinetexten:

Internetseiten lassen sich am Schreibtisch gut nebenher konsumieren. Sie sind Büromedien: Die Zugriffszahlen sind zwischen 8:00 bis 17:00 Uhr am höchsten, die Spitze liegt zwischen 10:30 und 13:30 Uhr.

- Schnelle und gezielte Informationsbeschaffung ist über Suchfunktionen und verlinkte Artikel möglich.
- Um journalistische Angebote online zu nutzen, braucht man keinen Kiosk, keine Abo-Lieferadresse und nicht einmal im eigenen Land zu sein.

Definition

Page Impressions (PI), Visits und wer sie zählt

Offiziell gezählt werden die Zugriffe auf einer Homepage von der *IVW* (Informationsgemeinschaft zur Feststellung der Verbreitung von Werbeträgern e. V./ URL: www.ivw.de). Vor allem für sogenannte Werbeträger – also alle diejenigen, die in den jeweiligen Medien werben möchten – liefert die IVW vergleichbare Daten u. a. über Auflage, Zuschauer, Hörer sowie Nutzer von Internetseiten. Allerdings sind für den Onlinebereich die Messmethoden umstritten, da jeder Klick – und sei es auf einen Buchstaben in einem Kreuzworträtsel im Netz – als ein Seitenabruf gezählt wird. Dagegen wird die Verweildauer in einer Multimediaanwendung oder beim Anschauen eines Videos im Web bisher nicht gemessen. Die wichtigste Währung im Onlinemarketing waren lange Zeit die Page Impressions, seit November 2009 sind es die Visits.

Page Impressions sind die einzelnen Klicks auf Texte und Fotos etc., d. h. alle einzelnen Seitenaufrufe.

Visit bezeichnet einen zusammenhängenden Nutzungsvorgang eines Internetangebots. Als Visit wird somit der einzelne Besuch eines Internetangebots gezählt.

Ein Problem bzw. eine Herausforderung für die Onlineportale ist die kurze Verweildauer auf den Seiten: Die User bleiben häufig auf der ersten Ebene, lesen die Überschriften und Teaser, aber klicken die Meldungen nicht an. Im Bericht verborgene Perlen werden deshalb eventuell nie entdeckt.

Checkliste

Basics für die Onlineredaktion

1. Überschriften und Teaser so schreiben, dass sie neugierig machen (mehr dazu in Kapitel 4.)
2. das Thema ergänzende, vor allem originäre (von der Redaktion erstellte eigene) Angebote direkt auf die Homepage stellen – als eigene Meldung oder mit einer verlinkten Überschrift zu weiteren Inhalten unter dem Teaser oder im Teasertext darauf hinweisen
3. multimediale Angebote hervorheben
4. Newsletter versenden, die aktuelle und inhaltlich aussagekräftige Betreffzeilen haben und die Empfänger auf die Seite holen
5. bei aktuellen Ereignissen (»Breaking News«) Eilmeldungen per E-Mail versenden, die den direkten Link zur Homepage enthalten

Das Internet ist in erster Linie ein Text- und Lesemedium. Erfahrene User schauen zuerst auf den Text. Die Qualität der Bilder im Netz ist zudem im Vergleich zum Druck immer noch vergleichsweise schlecht – durch die oft unüberlegte Auswahl und ohnehin: Was ist schon eine Bildauflösung von 72 dpi im Vergleich zu der Bildqualität im Hochglanzmagazin mit mehr als 300 bis 600 dpi?

Die Onlineredaktion sollte sich zuerst auf gute Überschriften und Teaser konzentrieren. Bildauswahl und Bildunterschriften sind jedoch wichtige Kriterien, die einen qualitativ guten Netzauftritt auszeichnen und die Nutzer mehr oder weniger bewusst würdigen. (Mehr dazu in Kapitel 4.)

Definition

dpi – dots per inch

Maßeinheit für die Auflösung im Druck und in anderen Wiedergabesystemen. Ein Inch entspricht 2,54 cm. Je höher der dpi-Wert, desto besser die Darstellung von Bildern, umso größer aber auch die anfallende Datenmenge. Der Richtwert für Bilder im Internet beträgt 72 dpi.

Hier-und-Jetzt-Medium

Ein Tippfehler, eine Ergänzung, doch lieber eine andere Überschrift – im Onlinejournalismus ist der Text ständig veränderbar. Jederzeit kann die Website aktualisiert werden. Das erwarten die Leser auf Nachrichtenseiten auch: Neues gehört in die Überschrift und den Teaser und sollte nicht einfach irgendwo oder gar am Schluss in der Meldung auftauchen. Die jeweilige Meldungsseite sollte einen Datums- und Uhrzeitstempel haben, der nur dann umspringt, wenn der Text wirklich aktualisiert wurde – und nicht, wenn nur ein Tippfehler korrigiert und die Änderung gespeichert wurde.

Die Schnelligkeit erzeugt oft Zeitdruck, sie kann, muss aber nicht zu Oberflächlichkeit, Nachlässigkeit und Fehlermeldungen führen. Nur das Radio kann vergleichbar schnell auf aktuelle Ereignisse reagieren. Das ändert sich gerade: Das digital produzierte Fernsehen ist weit weniger behäbig als das analoge, es ist schon gar nicht auf bestimmte Sendezeiten angewiesen. Sorgfalt ist keine Frage des Mediums, sondern des journalistischen Selbstverständnisses – der einzelnen Redakteure und der jeweiligen journalistischen Institution.

Die technische Möglichkeit zur Aktualität bringt den Zwang zur redaktionellen Aktualität mit sich. Liveberichterstattung ist quasi möglich: Großereignisse werden »getickert«

Das Internet ist kein flüchtiges Medium: Onlinetexte landen nicht am nächsten Tag im Altpapier oder werden ein-, eventuell zweimal gesendet, sondern sind mindestens tage-, oft ohne zeitliche Begrenzung abrufbar. Umso wichtiger ist die korrekte, faire und sorgfältige Recherche, Berichterstattung und Schreibweise.

oder »gestreamt«, d.h., es werden nahezu in Echtzeit Kurzmeldungen, manchmal nur ein Satz, veröffentlicht oder Filmaufnahmen – seltener Audios – mit einem Sekundenbruchteil Verzögerung empfangen und über die technische Plattform Internet ausgestrahlt.

Twitter & Co

Angemeldete Nutzer können über www.twitter.com Textnachrichten mit maximal 140 Zeichen veröffentlichen, sogenannte Tweets. Sie können sich auch direkt zu einem Thema äußern oder aufeinander reagieren. Die Übersetzung für Twitter ist Gezwitscher. Twitpic, Tweetphoto und Yfrog sind entsprechend Bilderdienste, auf denen Fotos hochgeladen werden können.

Auch die redaktionelle Einbindung und nur leicht zeitversetzte Ausstrahlung von Twitter-Einträgen oder Facebook-Kommentaren zu einem Ereignis sind keine Seltenheit mehr.

Sogenannte Pushdienste ermöglichen die schnelle Information des Users, der sich allerdings zuvor für den Empfang von Breaking-News-Telegrammen oder Newsletter per E-Mail angemeldet haben muss. Dabei ist der Newsletter weniger auf die Echtzeit-Nachricht ausgelegt, sondern mehr auf einen Nachrichtenüberblick zu bestimmten Tageszeiten. Außerdem kann die Redaktion auf aktuelle Projekte, neue Dossiers und

Beispiel

Bei der Bundestagswahl im September 2009 forderten Onlineredaktionen die Leser auf, über die Onlinedienste Twitter und Facebook ihre Meinungen auszutauschen oder die Diskussionen zu verfolgen – hier das Beispiel auf www.spiegel.de:

Facebook ist eine US-Website, auf der User sich anmelden und ein soziales Netzwerk aufbauen können. Sie entscheiden (hoffentlich), wer ihre mehr oder weniger persönlichen Botschaften lesen darf bzw. ob sie öffentlich sind. Nach diesem Prinzip funktionieren auch deutsche Portale wie Studi-VZ oder Schüler-VZ.

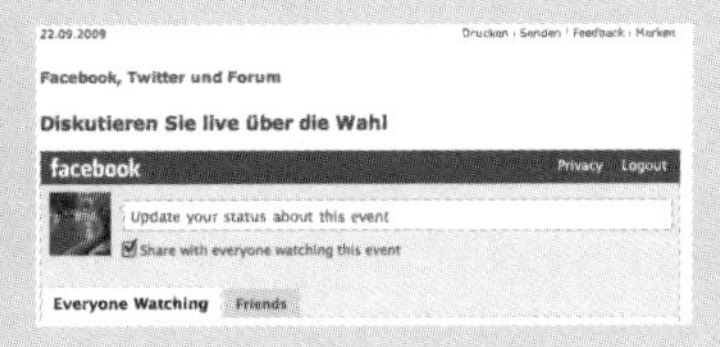

(Quellen: www.spiegel.de)

Extras hinweisen, die sowohl online als offline zu finden sein können. Wird über das Onlineportal auf andere redaktionelle Produkte des Verlagshauses oder Senders verwiesen (oder umgekehrt), ist das Bestandteil der crossmedialen Vernetzung von Print-, Fernseh-, Radio und Internetpublikationen.

Immer mehr Redaktionen achten auf eine ansprechende Gestaltung ihrer Newsletter und vor allem auf eine interessante, inhaltsreiche Betreffzeile, die über »Ihr Newsletter von …« hinausgeht.

Definition

Crossmedia

Die crossmediale Vernetzung der Medien findet auf verschiedenen Ebenen statt: erstens durch Hinweise auf weitere Berichterstattung in anderen Medien desselben Anbieters. Der Hinweis auf weitere Berichterstattung im Internet gehört genauso dazu wie die Bilderstrecke auf einer Homepage, die die Inhalte der nächsten Ausgabe eines Wochenmagazins ankündigt. Zweitens wird es immer selbstverständlicher, dass journalistische Produkte von vornherein digital produziert werden, so dass es einfach ist, über Datenbanken diese Inhalte für verschiedene Medien verfügbar zu machen. Diese technische Konvergenz führt zur abnehmenden Trennung zwischen den einzelnen Mediensparten Print, Fernsehen, Radio. Ein Beispiel ist auch die Umsetzung von Onlineinhalten für Smartphones oder die Darstellung von Printprodukten auf elektronischen Lesegeräten. Drittens: Wenn Journalisten von vornherein für die Verbreitung über mehrere Medien denken und ihre Beiträge crossmedial erstellen – z. B. für Internet, Radio und Fernsehen –, kann das im besten Fall zum »Crossmedia-Storytelling« führen. Viertens nutzt das Publikum unterschiedliche Medien als Rückkanal: Per Telefon, Fax, SMS, E-Mail, Webbeiträge, Chat – also crossmedial – melden sich z. B. Zuschauer beim Fernsehsender. Das Internet bietet bisher am ehesten eine Plattform für einen gleichberechtigten Kommunikationsaustausch in allen Medienformen (Text, Audio, Video). Deshalb gewinnt die Einbeziehung des Publikums, der User, eine immer größere Bedeutung (Stichworte: Interaktivität, User Generated Content, Web 2.0 etc., siehe vor allem Kapitel 5).

Beispiel

Vorbildlich: gute Betreffzeile und schöne Gestaltung

Von: ZEIT ONLINE <Newsletter@newsletterversand.zeit.de>
Betreff: **Arcandor insolvent - Wende im Sauerland-Prozess - Trauerarbeit**
Datum: 9. Juni 2009 16:43:01 MESZ
An: nea.matzen@gmx.net
Antwort an: re-5E2IPR6-1UISGV4-W9B1BFU@newsletterversand.zeit.de

ZEIT ONLINE TÄGLICHER NEWSLETTER

Aktuell auf ZEIT ONLINE am 09.06.2009

INHALTE:

Wirtschaft

ARCANDOR

WARENHAUS-KRISE: Arcandor beantragt Insolvenz
Arcandor verzichtet auf Staatshilfe und hat Insolvenzantrag gestellt. Betroffen sind 43.000 Beschäftigte bei Karstadt und Quelle, die Fusion mit Metro könnte Jobs sichern [weiterlesen] »

(Quelle: http://community.zeit.de/newsletter)

Eine andere Möglichkeit für User, immer auf dem Laufenden zu sein, sind RSS-Feeds, die sie abonnieren können.

Definition

RSS (Really Simple Syndication)

RSS bedeutet für die Redaktion keine zusätzliche Arbeit: Über einen RSS-Publisher, der im Content-Management-System eingebaut ist, werden die neu publizierten Beiträge indiziert und in den Feed (»Zufuhr«) eingespeist. Bei den Lesern, die den RSS-Feed abonniert haben, läuft jede Neuveröffentlichung ein. Man kann den Link zum RSS einer Internetseite entweder als Bookmark im Browser setzen oder sich eine personalisierte Nachrichtenseite zusammenstellen, z. B. über Google Reader oder Yahoo Pipes.

Hinter diesem Symbol verbirgt sich auf den meisten Homepages das RSS-Abo.

Für Journalisten sind diese automatischen Newslieferanten sehr nützlich als Rechercheinstrument zu bestimmten Themen oder als Mittel, sich schnell einen Nachrichtenüberblick zu verschaffen.

Literatur

Einen sehr guten, da praxisorientierten Überblick zum Thema RSS bietet: Christiane Schulzki-Haddouti: Web 2.0. Beilage Mediummagazin. Verlag Johann Oberauer, 2009.

Eine Anleitung für Google-Reader aus der Reihe »Plain English«: http://is.gd/64k6v.

Auch unterwegs wollen User informiert sein: Aktuelles wird über die Pushdienste auf Mobiltelefone oder PDA (Personal Digital Assistant) gesendet, wenn die Besitzer sich für das Angebot entschieden haben. Das funktioniert mit jedem Handy, das Internetzugang hat. Die Darstellung der Nachrichten ist meist für die kleinen Displays optimiert. Aber auch Abos von News oder Eilmeldungen per SMS sind gang und gäbe. Kostenlos oder im Abonnement bieten immer mehr journalistische Netzangebote ihre Inhalte über Apps für das iPhone an.

Definition

App

Tausende Anwendungen (»applications«), die Apple als Software mit dem iPhone ausliefert und die – kostenfrei, gegen einmalige Gebühr oder im Abo – zusätzlich auf das Smartphone (Mobiltelefon und Mini-Computer bzw. Personal Digital Assistent in einem) geladen werden können. Die Programme zum Lesen, Hören, Schauen, Spielen etc. sind entweder von Apple oder anderen Anbietern für das iPhone entwickelt worden.

Videozusammenschnitte der aktuellen Nachrichten finden sich auf fast allen Newsportalen im Netz. Das heißt: Die Redakteure müssen mit Schnittprogrammen umgehen können, auch Moderatoren für diese Webvideos sind – falls die Nachrichtenfilme nicht direkt hintereinander gesetzt werden – im Einsatz.

Da die Homepage bzw. gesamte Website am schnellsten aktualisiert werden kann, gehen einige Redaktionen zur »Online First«-Strategie über: Die publizistischen Inhalte werden sofort im Internet veröffentlicht – bevor das Zeitungspapier belichtet ist. Das verändert erstens die Arbeitsabläufe in den Redaktionen komplett und ist zudem ein täglicher Balanceakt: Was stellen wir online, damit die Zeitung auch noch morgen oder das Magazin noch in ein paar Tagen gekauft wird? Vor dem Hintergrund der Zeitungskrise und des Stellenabbaus in den Redaktionen ist das ein ernstes Problem.

Die Debatte verläuft grob gesagt zwischen den Positionen: Die Zeitungen produzieren bisher den journalistisch anspruchsvollen, gut recherchierten Inhalt, der umsonst ins Netz gestellt

Definition

Newsaggregatoren

Auf diesen Websites werden Nachrichten von anderen Sites entweder automatisiert mit Programmen gesucht und kategorisiert oder eine Redaktion wählt die Berichte aus. Nutzer können sich hier einen schnellen und nach eigenen Vorstellungen zusammengestellten Überblick verschaffen, ohne mehrere Websites absurfen zu müssen. Eine kleine Auswahl:
http://de.driggle.com/news
www.nandoo.net
http://news.google.de
http://de.news.yahoo.com
Kulturnachrichten: www.perlentaucher.de

wird oder werden soll. Entlasse man immer mehr Zeitungsredakteure, sinke die Qualität. Die Gegenargumente lauten: Guter Journalismus habe nichts mit der Art des Mediums zu tun. Da die Leser ins Netz abwanderten, müsse auch der sogenannte Qualitätsjournalismus im Internet stattfinden – und Qualität koste nun einmal. Vermehrt wird über Bezahlmodelle für den Abruf von Texten und anderen Inhalten nicht mehr nur nachgedacht: Immer mehr Versuche laufen, verschiedene Modelle werden angewendet.

Viele Wege führen durch die vernetzte Welt

Hypertext bildet die Grundstruktur des Veröffentlichens im Netz: Alles kann an jeder Stelle miteinander verknüpft werden, indem auf Begriffe oder Dokumente Links gesetzt werden. Dadurch entsteht eine netzartige, nicht lineare Struktur.

Der Zugang der User zu den Webseiten ist selektiv und individuell: Es ist immer wieder die Entscheidung der Leser, was sie wann anklicken, wie tief oder breit sie Informationen suchen. Route, Tempo, Pausen, Wegklicken, Lesezeichen setzen, Versenden – all das ist jederzeit bestimmbar.

Doch wegen der Fülle des Angebots im Internet wünschen sich User Orientierung.

Merke

Die Onlineredaktion sortiert vor, bietet an und lenkt durch das Angebot.
Die verlinkten Angebote müssen übersichtlich dargestellt werden und sollten möglichst mit einem Blick erfassbar sein.
Das Redaktionsteam muss immer wieder aufräumen: Was ist überholt? Was ist nicht mehr so interessant? Was muss dazukommen?

Wichtig ist, möglichst viele Zusatzangebote im eigenen Angebot zur Verfügung zu stellen, d. h. interne Links zu setzen. Viele Angebote – wie hier www.faz.net – bündeln die internen Links in einem Kasten im Text:

Frau Merkels aus dem Zusammenbruch der DDR gehört es, dass nichts ungewisser sei als die Zukunft.

Fünf Punkte

Zum Thema Blättern

- Kommentar: Merkels Wette
- Merkel gibt im Bundestag Regierungserklärung ab
- Stufentarif für Einkommensteuer soll 2011 kommen
- Steinmeier über Merkels Regierungserklärung: „Fehlstart"
- Video: Die Welt feiert 20 Jahre Mauerfall

Insofern tut sie sich wissentlich schwer mit Prognosen, was im nächsten Jahr konkret zu tun sei und erst recht damit, welche Arbeit die Regierung noch später zu leisten habe, wenn es in die Details gehe. Der Gehalt der fünf Punkte, in die sie ihre Regierungserklärung gegliederte hatte, spiegelte das wider.

Punkt 1: Die Folgen der Finanzkrise überwinden. Punkt 2: Das Verhältnis der Bürger zum Staat verbessern. Punkt 3: Die Folgen der demograhischen Entwicklung der Gesellschaft für den Arbeitsmarkt und die sozialen Sicherungssysteme beachten. Punkt 4: Der internationale Klima- und Umweltschutz. Punkt 5: Den Zusammenhang von Freiheit und Sicherheit festigen. Politik pflegt ihr einem Spiel mit vielen Bällen zu gleichen, und ihr Verständnis von Politik beschrieb Frau Merkel mit den drei Begriffen „Vertrauen, Zuversicht, Motivation".

Reminiszenzen an das alte Bündnis mit der SPD vermied Frau Merkel, und erst recht

(Quelle: Regierungserklärung. Die eiserne Kanzlerin, www.faz.net am 10.11.2009)

Externe Links führen zu Inhalten anderer Anbieter – diese Vernetzung ist ein wichtiges Prinzip im World Wide Web. Doch erstens sind wir geschäftstüchtig oder eitel und wollen die User möglichst lange auf unserer Seite halten, zweitens sind wir bis zu einem gewissen Grad für die Inhalte der bei uns verlinkten Angebote verantwortlich. Das bedeutet ein ständiges Prüfen der fremden Inhalte.

Definition

Was die User nicht zum Thema im Angebot sehen, suchen sie woanders.

Da der Hypertext das Verknüpfen von (guten) Inhalten so einfach nur im Onlinejournalismus möglich macht, wäre es fast fahrlässig, diese Chance nicht zu nutzen. Linkjournalismus ist ein Fachgebiet für Netzjournalisten und beinhaltet die sinn-

Greg Lynch nennt in »Nine Steps to Verified Link Journalism« ein paar entscheidende Überlegungen an, nachzulesen hier: http://is.gd/aOsQU.

volle Auswahl und kritische Prüfung aller verlinkten Inhalte. Verantwortungsvolle Journalisten würden ja auch sonst keine ungeprüften Quellen und Informationen in ihren Berichten verwenden – warum also sollte das bei Links so sein?

Experten – z. B. der Spezialist für »Neue Medien« René Pfammatter und der Pädagogik-Professor Rolf Schulmeister – vergleichen das Hypertext-Prinzip mit der Arbeitsweise des menschlichen Gehirns, dem eher nicht lineare als lineare Texte entgegenkommen: kreatives Suchen, Finden und Anklicken ist demnach eine dem Menschen eigene Strategie, etwas Wichtiges und Interessantes zu finden. In der Nutzerforschung wird das Vorgehen von Kindern beim Erkunden einer Website »Mine Sweeping« (in etwa: »nach Minen abtasten «) genannt: Sie fahren mit der Maus über die Seiten, um zu sehen, wohinter sich etwas verbirgt.

Im Prinzip können alle Elemente einer Website miteinander verlinkt werden: Teaser sind mit dem Bericht verlinkt, der

Merke

Die Onlineredaktion muss also die Neugier der »Netzsurfer« wecken und Besonderes, Interessantes, »Eigenes« anbieten. Wer in einem Onlineangebot nur ins Netz kopierte Agenturmeldungen und Pressemitteilungen findet, ist schnell wieder weg und kommt nicht wieder. Außerdem werden originäre Inhalte von anderen Internetseiten gerne verlinkt.

Tipp

Keine ganzen Sätze zum Hyperlink machen, sondern nur ein bis drei Wörter! Die Leser erkennen so schneller, wohin es geht.

Bericht mit Fotos und Hintergrundtexten, Fotos untereinander zur Bilderstrecke. Links können direkt im Text stehen, darunter, daneben, hervorgehoben in Kästen oder in Linklisten.

Wörter, die im Text mit einem Link hinterlegt sind, müssen klug ausgewählt werden.
Alle Navigationspunkte müssen selbsterklärend sein.

Ganz schlecht: »Bitte klicken Sie hier«: das nimmt Platz weg und hindert den Lesefluss, auch wenn es am Ende eines Absatzes steht.

Strittig ist, ob es überhaupt Links im Fließtext geben sollte: Klaus Meier plädiert in seinem Buch »Internet-Journalismus« dafür. Wolfgang Schweiger schreibt in seinem Buch » Hypermedien im Internet «, dass vor allem weiterführende Links im oberen Seitenabschnitt zu schnell den Lesefluss unterbrechen und der User beim anderen Angebot weitersurft. Das könne auch das Öffnen des Links in einem neuen Fenster nicht verhindern.

Literatur

Der Klassiker unter den Büchern zum praktischen Onlinejournalismus ist das Buch von Klaus Meier: Internet-Journalismus. Konstanz. Aber leider von 2002.

Erst wir, dann ihr: interaktives Zusammenspiel mit der Community

»Jetzt wir! Jetzt ihr!« – Diese Aufforderung auf www.jetzt.de bringt die (Fast-)Gleichberechtigung von Machern und Nutzern eines Medienangebots auf den Punkt. Inzwischen fordern die Onliner der Jugendseite der »Süddeutschen Zeitung« mit dem Appell »Schreib mit im jetzt-Kosmos« die User zum Schreiben von Kommentaren und Texten auf. Auch andere Onlineportale – in Deutschland sind zeit.de und freitag.de Vorreiter – binden ihre Leser stark in die Produktion der redaktionellen Inhalte ein. Das herkömmliche Sender-Empfänger-Modell ist nicht aufgehoben, aber durch die einfache Produktion von Text- und Bildpublikationen ist das »Gefälle« zwischen Sender und Empfänger im digitalen Zeitalter weit niedriger.

Leser seien nicht länger passive Empfänger »unserer Botschaften«, schreibt der Journalist Mark Briggs in »Journalism 2.0«: »Sie erstellen selbst Inhalte, teilen sie miteinander und kommentieren sie. Und sie erwarten, dass sie das auch auf Nachrichtenseiten tun können.« Diese Idee könne man auch als »News als Gespräch, nicht als Lehrvortrag« bezeichnen, meint Briggs. Jay Rosen, Professor für Journalistik an der New York University, spricht von »The People Formerly Known As The Audience«, kurz und so auch über Suchmaschinen zu finden: TPFKATA. Er zeichnet das Bild einer Öffentlichkeit, die selbst Texte in Blogs schreibt, Audios und Videos mit einfach zu handhabenden Aufnahmegeräten und Kameras aufnimmt und sich ihre Nachrichtenseiten im Internet nach den eigenen Interessen zusammenstellt. Und: Jeder könne mit jedem kommunizieren, der horizontale Informationsfluss von Bürger zu Bürger habe den vertikalen vom Medienmacher zum Publikum abgelöst: »Now the horizontal flow, citizen-to-citizen, is as real and consequential as the vertical one.«

Jay Rosens Konzept TPFKATA vom 27. Juni 2006: http://is.gd/4SrSs.

Eine kritische und trotzdem motivierende Einführung bietet Mark Briggs: Journalism 2.0. How to Survive and Thrive. A digital literary guide for the information age. 2007.

Das Netz erlaubt spontane Interaktivität: Schnelle Reaktionen sind möglich, da kein Wechsel des Mediums für die Reaktion notwendig ist. Leserbriefschreiber mussten an die Schreibmaschine gehen oder den Computer hochfahren, Fernsehzuschauer und Radiohörer z. B. zum Telefonhörer greifen und beim Sender anrufen.

Was für Briggs und Rosen in den USA bereits mediale Wirklichkeit zu sein scheint, ist im deutschen Sprachraum bei Weitem noch nicht so selbstverständlich. Doch mag bis vor Kurzem noch gegolten haben: je jünger die Zielgruppe, desto interaktiver und nutzerorientierter das Portal, so ändert sich das zurzeit mit großer Geschwindigkeit.

Das Prinzip lautet: »Lean back – lean forward«, zurücklehnen und konsumieren, dann sich vorbeugen und agieren – immer im Wechsel ohne großen Aufwand.

Das kann geschehen mit:

- Kommentaren direkt zu den Texten,
- Foren,
- Chats,
- Umfragen,
- Wissenstests (Quiz),
- Aufrufen zum Selber- oder Mitmachen,
- interaktiven Karten und Grafiken,

- Spielen,
- Tagclouds/Schlagwortwolken,
- Social-Web-Anbindungen.

Für die Onlineredaktion heißt das: als Diskussionsgrundlage mindestens eine Meinung, Frage oder These anbieten, gerne auch zwei oder mehr, und zum Debattieren auffordern nach dem Motto: »Schreibt uns, was ihr denkt!« Konsequent betreibt der britische Sender BBC mit der Rubrik »Have Your Say!« das Prinzip der Userbeteiligung. Zitate der Website-Besucher werden nicht nur auf der »Talking Point«-Seite (URL: news.bbc.co.uk/2/hi/talking_point) veröffentlicht, sondern auch prominent in den redaktionellen Text gestellt – verlinkt wiederum mit der Meinungsseite.

(Quelle: bbc.co.uk am 26.11.2009)

Die Einbindung von Leserbeiträgen in den redaktionellen Teil ist immens wichtig: die Auswertung von Foren in Artikelform oder als Recherchegrundlage; das Hervorheben von Leserzitaten in der fortlaufenden Berichterstattung; die Aufforderung, Ideen oder Beispiele zu liefern, z. B. absurde Bedienungsanleitungen, überflüssige Verkehrsschilder, an Mauern gesprühte Liebeserklärungen in der Stadt; Fotos aus dem »Summer of Love«, Erinnerungen an den Fall der Mauer etc. Das sind Geschichten, die erst mit den vielfältigen Beiträgen der Community richtig gut werden.

Ein großartiges Rechercheinstrument ist das »Crowd Sourcing«, dahinter steckt die Idee, das Wissen, die Erfahrungen oder schlicht die Daten von Usern zu einem Thema zusammenzutragen und auszuwerten. Die Idee ist nicht völlig neu: Redaktionen haben immer schon ihre Leser, Hörer und Zuschauer aufgerufen, zu bestimmten Themen ihre Sichtweise oder ihre Erkenntnisse beizutragen. Durch die Verbindung mit einem landes- oder weltweiten Publikum haben Onlineredaktionen es jetzt leichter, ihre User ins Boot zu holen.

Ein schönes, weil so anschauliches Beispiel ist »Did you feel it?«: Tausende von Freiwilligen melden für diese Website, wie

Tipp

Wie kann man vermeiden, dass die Informationen gefälscht sind?
Robert Niles, der 2001 sein erstes Crowd-Sourcing-Projekt »Accident Watch« ins Netz stellte, rät:
Die User müssen sich mit dem Zuliefern des Berichts oder der Angaben registrieren: E-Mail-Adresse, Postleitzahl und Name, Telefonnummer und Anschrift.
Den Usern deutlich machen, dass es ein seriöses Projekt ist und sie es bitte auch ernst nehmen sollten.
Wenn das Projekt individuelle Berichte vorsieht, ist es gut, anderen Lesern die Möglichkeit zu geben, die Beiträge zu diskutieren und die Informationen zu verifizieren.
Auch wenn nur Daten zusammengetragen werden, sollten die Leser ermutigt werden, die Angaben anderer zu prüfen und ihre eigenen Informationen zum Datenbestand hinzuzufügen.

stark ein Erdbeben bei ihnen zu spüren war – verortet auf der Karte nach Postleitzahl: http://is.gd/c2je8.

Multimediales Erzählen mit Texten, Grafiken, Fotos, Audios und Videos

Immer mehr Computerbesitzer können multimediale Angebote abrufen. Doch vielerorts sind die Übertragungsleistungen der Internetverbindungen noch so gering, dass die Ladezeiten sehr lang sind. Auch wer sie nicht nutzt, erwartet Multimedialität. Da die meisten Nutzer keine Muße haben, lange zu warten, sollte die Ladezeit für die Redaktion ein wichtiges Kriterium sein, ob sie ihre Inhalte in einer Multimediaanwendung darstellt oder nicht.

Generell muss unterschieden werden zwischen:

- dem zusätzlichen Angebot eines Audios, Videos oder einer Grafik zu einem Bericht mit Text und Foto,
- der Entscheidung, das Thema gar nicht in Form eines Textes aufzugreifen, sondern ein anderes Medium für das Thema zu wählen,
- einer »verzahnten« multimedialen Geschichte, d. h. z. B.: eine interaktive Karte, auf der die Betrachter einzelne Punkte anklicken können, und ein Video, eine Bilderstrecke oder ein Audio, die über den weiteren Verlauf oder Details der Story informieren. Auch Zeitleisten, die mit unterschiedlichen Medienarten bestückt sind, zählen zu dieser Kategorie. Dabei handelt es sich meistens um aufwändige Projekte, bei denen Journalisten und Grafiker eng zusammenarbeiten.

Onlineredakteure von Portalen, die keinen Zugriff haben auf professionell erstellte Video- oder sogar Fernsehbeiträge, fragen sich zu Recht, ob sie mit verwackelten, selbst produzierten

Filmchen auf ihrer Website ihren Ruf verderben. Die Antwort lautet: Es ist nur dann okay, wenn es zum Stil der Website und zum Thema passt; die Qualität vieler Filme auf dem Videoportal YouTube und der Einsatz von Amateurkameras in Spielfilmen haben die Sehgewohnheiten längst verändert.

Definition

Videoportale

YouTube wurde 2005 gegründet. Auf dem Internetvideoportal können Benutzer kostenlos Videoclips anschauen und hochladen. 2006 wurde YouTube von Google übernommen. Vimeo ist ein Portal für nicht kommerzielle Videos, das 2004 startete. Videos dürfen ausschließlich von Personen hochgeladen werden, die an der Produktion wesentlich beteiligt waren. Dafür steht das »me« im Namen. Vimeo bietet eine höhere Videoqualität im HD-(High Definition)-Standard. Weitere viel genutzte Videoportale sind MyVideo, Clipfish, sevenload und Youku.

Es könnte rufschädigend oder gar peinlich sein, unprofessionell gedrehte und geschnittene Beiträge ins Netz zu stellen, wenn die Internetseite einen hohen oder auch nur ernsthaften journalistischen Anspruch hat. Deshalb sollten die Journalisten entsprechend gut in diesem Metier ausgebildet sein. Das bedeutet aber nicht, dass für Filme im Internet mit einer teuren Kameraausrüstung gearbeitet werden muss. (Mehr dazu in Kapitel 5.)

Die Nutzerstudie Eyetrack III kommt zu dem Ergebnis, dass »Alternative Storytelling«, also die multimediale Aufbereitung von Themen, die User in die Lage versetzt, bestimmte Inhalte besser zu verstehen. Das gilt insbesondere für bis dahin unbekannte Abläufe oder Prozesse und Fachbegriffe, die erklärt werden. Die korrekte Wiedergabe von Namen und Fakten funktioniert laut dieser Studie allerdings besser nach der Lektüre von Text.

Literatur

Es lohnt sich, sich die Poynter-Eyetrack-Studie im Internet anzuschauen: http://is.gd/9LlyW.

Allerdings gibt es berechtigte Kritikpunkte an der Methode:
Festgehalten wird nur das scharfe Sehen, die visuelle Wahrnehmung des Umfelds, der Peripherie, wird vernachlässigt. Das periphere Sehen funktioniert schneller als das Fokussieren, es dient dazu, die Gesamtsituation einzuschätzen. Bewegt sich etwas am Rand des Gesichtsfelds, geht es darum: Lauert dort Gefahr oder Beute? Bewegte Elemente auf dem Bildschirm haben also ein großes Ablenkungs- oder Wahrnehmungspotenzial. Sehen funktioniert heuristisch, d.h. wir beziehen unsere Erfahrungen mit ein. Es werden die Teile des Angebots wahrgenommen, in denen neue Informationen vermutet werden. Nicht das Bild vor Augen, sondern das Gehirn lenkt die Auswahl.
Die Eyetracking-Methode zeigt, worauf die Pupillen gerichtet waren. Ob die Gedanken tatsächlich dabei waren, ist nicht nachvollziehbar.

Generell gilt, dass der Einsatz von Bilderstrecken mit und ohne Ton, von Grafiken, Videos, Audios, Animationen gut überdacht werden sollte:

- Unterstützen oder ergänzen sie die journalistische Aussage?
- Welches Medium eignet sich am besten für die Darstellung welchen Teils der Geschichte?
- Lohnt sich der im Regelfall hohe personelle und zeitliche Aufwand?

Der Vorteil im Internet ist: Komplexe Multimediaanwendungen können nicht nur einmal auf die Website gestellt, sondern immer wieder verlinkt werden, wenn das aufwändige Produkt inhaltlich erneut zu einem aktuellen Thema passt.

Tipps

Für die Redaktion gibt es drei Kriterien, ob sie ein Thema multimedial abbildet oder nicht:

- Geht es um ein Thema, das bei uns immer wieder eine Rolle spielt? Für politische Redaktionen: Wie funktioniert die Onlinedurchsuchung? oder: Wie entsteht ein Gesetz? Für Wirtschaftsredaktionen: Wie wird Energie gewonnen? oder: Hintergründe zu General Motors und Opel. Aus aller Welt: Wie funktioniert eine Herztransplantation? oder: Porträt einer Persönlichkeit aus dem öffentlichen Leben.
- Ist es ein Thema, das das Portal »schmückt« – entweder aus tatsächlichen ästhetischen Gründen oder weil es inhaltlich ein Prestigeprojekt ist? Beispiele wären: die Geschichte eines Unternehmens auf der eigenen Site, ein journalistisches Langzeitprojekt (z. B. auf arte.tv: http://is.gd/6jOfg), die umfassende und angemessene Abbildung einer Katastrophe (siehe z. B. auf startribune.com: http://is.gd/6jNRH).
- Oder werden wir dem Thema vielleicht doch eher über eine schnelle, leicht aktualisierbare Textberichterstattung gerecht?

Platz ohne Grenzen, kein Spiel ohne Grenzen

Theoretisch könnten Onlineredakteure endlos lange Texte ins Netz stellen. Doch wer will die lesen?

Theoretisch könnten auch Links auf alle möglichen Websites und einzelne Dokumente gesetzt werden. Doch wer soll daraus noch schlau werden?

Eine entscheidende Antwort auf die Frage, wozu noch Journalisten, wenn es doch alle Informationen im Internet gibt, lautet: Journalisten sind in der Lage, die Verlässlichkeit der Informationen und Quellen zu überprüfen, sie unter dem Gebot der Ausgewogenheit zu ergänzen sowie die wichtigsten Aspekte,

Aussagen und Eindrücke so zusammenstellen, dass die Leser sich möglichst mühelos und eventuell sogar noch mit Freude über das Thema informieren können. Letzteres betont den starken Servicecharakter des Onlinejournalismus. Von der Themenauswahl über den Textaufbau bis zur Navigation sollte der Onlinejournalist die User an die Hand nehmen, damit sie sich nicht im World Wide Web verirren. Das schließt lange, unstrukturierte Texte und unkommentierte Linklisten aus. (Mehr zu Textaufbau und Arbeiten mit Modulen in Kapitel 4.)

Ein großer Vorteil des Onlinejournalismus ist der direkte Zugriff auf andere Seiten innerhalb und außerhalb des eigenen Angebots und die Möglichkeit, umfangreiche Texte als PDF-Dateien zu verlinken. Wichtig ist der Hinweis auf die Größe der Datei, damit der User weiß, wie viele Kilobyte er herunterlädt.

Wie bereits erwähnt, erlaubt das Publizieren im Internet, dass einmal erstellte Hintergründe oder multimediale Anwendungen immer wieder zu einem aktuellen Thema gestellt werden können. Bei Printmedien würde das als Platzverschwendung wahrgenommen werden: Was, das habe ich doch gestern erst auf der Seite 2 gelesen!

Die Überschriften zu diesen hintergründigen Texten stehen unter den Rubriken »Weitere Meldungen«, »Mehr zum Thema«, »Aus dem Archiv« oder auch direkt unter dem Teaser, dem Anreißer oder kurzen Vorspann auf der Homepage. Die Archivbeiträge müssen selbstverständlich daraufhin geprüft werden, ob sie noch dem aktuellen Wissensstand entsprechen.

Entscheidend ist dabei, dass die Texte für die Redaktion wieder auffindbar sind. Dafür müssen sie klug verschlagwortet sein. Die meisten Content-Management-Systeme verfügen über eine interne Suche. Aber damit diese effizient funktioniert, müssen die Schlagwörter logisch gewählt und ohne Tippfehler sein. Im Regelfall sind die bearbeitenden Redakteure für diese Kennzeichnung verantwortlich. Sinnvoll ist es, wenn die Begriffe weitgehend mit den Schlagwörtern (Tags) für die externe Suche bzw. Auffindbarkeit übereinstimmen. Da auch für Suchmaschinen diese Schlagwörter relevant sind, lohnt sich eine sorgfältige Wahl der Wörter. (Mehr zu Suchmaschinenoptimierung in Kapitel 4.)

Ziel ist die durchdachte Einbindung des Archivs in das aktuelle Angebot.

Das Dorf in der Welt, die Welt im Dorf

Das Internet zeichnet sich vor allem durch eine sehr große Reichweite aus. Theoretisch sind die Inhalte überall abrufbar. Doch sind die technischen Grundvoraussetzungen für einen Netzzugang nicht überall gegeben – weder national noch international.

Doch grundsätzlich haben Medien im Internet die Möglichkeit, weltweit eine Leserschaft zu erreichen, die ihre Sprache versteht. Die User können irgendwo auf der Welt sein und die Homepage aufrufen. Wer in den USA lebt und Plattdeutsch spricht, kann sich die plattdeutschen Nachrichten auf der Website von Radio Bremen anhören (http://is.gd/5ddE6). Wer seinen Kindern die Möglichkeit geben will, ihr Mandarin zu verbessern, empfiehlt ihnen die entsprechende Seite auf nationalgeographic.com (http://is.gd/5ddU6). Wer ausgewandert ist und trotzdem wissen möchte, was in seinem Heimatdorf passiert, kann hoffen, dass die dortige Lokalzeitung eine gute Website hat.

Definition

Digitale Kluft (»Digital Gap«)

Dadurch, dass der Zugang zum Internet und zu digitalen Informationen geografisch und innerhalb der Gesellschaft ungleich verteilt ist, vergrößern sich die Wissensunterschiede. Der Zugang zu modernen Kommunikationstechniken verbessert die sozialen und wirtschaftlichen Entwicklungschancen.

Durch die Plattform Internet entstehen neue Konkurrenzlinien: Fernsehen, Radio und Zeitung oder Magazin sind mit einem Klick abrufbar. Ob die User z. B. die regionalen Informationen bei der Zeitung oder dem lokalen Fernsehsender online lesen, entscheiden sie jeweils nach Qualitäts- und Geschmacksfragen.

3 Wie arbeitet eine Onlineredaktion?

Diese Frage lässt sich gewiss nicht mit einer für alle Redaktionen gültigen Beschreibung beantworten. Hier der Versuch, einen alltäglichen Ablauf zu skizzieren:

Die Informationsflut im Internet ist Fluch und Segen zugleich. Die *Redaktion wählt aus und gewichtet.* Im Idealfall verlinkt sie weitere Angebote zum Thema im World Wide Web und gibt einen verlässlichen Überblick über das Wichtigste und Neueste.

Tipp

Skepsis ist die zentrale Tugend des Journalismus!

Konkret heißt das: Gerade in der Routine und beim schnellen Rhythmus in der Nachrichtenredaktion ist es wichtig, sich irritieren zu lassen und den Zweifel nicht einfach beiseite zu schieben: Kann das wirklich sein? Kann das stimmen? Müssen wir da nicht nachfragen? Greifen Sie zum Telefonhörer und fragen Sie nach – bei Behörden und Organisationen, in den Redaktionen der Nachrichtenagenturen, bei Unternehmen!

Integrierter Bestandteil des redaktionellen Ablaufs ist die Recherche zu den Themen, die über die politische Agenda und Nachrichtenagenturen in die Redaktion kommen, und zu Themen, die die eigene Redaktionskonferenz für wichtig hält. Das kann ein kurzes Prüfen sein, ob die Nachricht auf einer zuverlässigen Quelle beruht, ob es vor allem mehr als eine Quelle dafür gibt oder ob die Angaben plausibel sind (Zahlen, Erklärungen, Abläufe). Das kann auch ein umfassender Prozess sein, der bei einer journalistischen Recherche üblich ist.

Der Klassiker zum Thema Recherche und immer noch empfehlenswert: Michael Haller: Recherchieren. Praktischer Journalismus, 7. Auflage 2008.

Wichtige Hinweise finden sich auf www.netzwerkrecherche.de und weitere Literatur auf www.netzwerkrecherche.de/literatur.

Es folgen das Schreiben oder Redigieren der Berichte, Schreiben des Teasers und der Überschrift(en), Auswahl der Bilder, Texten der Bildunterschriften und Zwischenüberschriften.

Anschließend werden interne und externe Tags vergeben.

Tags

Tags sind Schlagwörter, die sowohl bei der internen Suche im Redaktionssystem den Bericht wieder auffindbar machen als auch von Suchmaschinen erkannt werden, wenn jemand diese Schlüsselbegriffe eingibt. Vier bis sechs Wörter sollten dafür klug gewählt werden, natürlich möglichst ohne Tippfehler. Die Content-Management-Systeme sehen dafür Eingabefelder vor.

Die nächsten Schritte sind Ausdrucken, Gegenlesen (lassen), Korrekturen eingeben, Freigabe.

Je nach personeller Ausstattung der Redaktion ist eine Absprache mit Bildredakteuren und Grafikern über die visuelle Gestaltung erforderlich.

Parallel und in Konferenzen steht die Entscheidung über multimediale und interaktive Aufbereitung der Themen an. Immer wieder die Fragen stellen: Lässt sich das Thema eventuell ohne einen längeren Bericht als Bilderstrecke, Audioslideshow oder Infografik besser darstellen? Ist eine Umfrage oder

Qualität im Netz

- Glaubwürdigkeit ist das höchste Gut für Informationsmedien. Dieses Vertrauen beim Publikum hat eine Redaktion eventuell über Jahrzehnte oder sogar Jahrhunderte aufgebaut. Sie sollte es online nicht aufs Spiel setzen. Berichten Sie nach dem Motto: Bei anderen schauen die User, was passiert ist, bei uns schauen sie, ob es stimmt.
- Verderben Sie sich Ihren Ruf nicht mit dilettantischen Videos oder unsortierten Bilderstrecken. Die User werden es Ihnen mit dem Wiederkommen danken.
- Onlinejournalismus ist nicht gleichbedeutend mit Boulevardjournalismus. Etwas frecher, origineller oder gewitzter kann er sein, weil die jungen Leser sich dann eher angesprochen fühlen. Aber die älteren doch vielleicht auch, oder? Und auch junge Leser wissen verlässliche Nachrichten und Zuverlässigkeit zu schätzen.
- Nehmen Sie Ihre Leser ernst, indem Sie ihre Beiträge ernst nehmen. Das heißt nicht, dass die User das Regiment über die Inhalte übernehmen. Sie müssen Ihnen immer eine Nasenspitze voraus sein, Anregungen für Diskussionen geben und begründet Beiträge auswählen. Die digitale Leser-Blatt-Bindung ist so eng und prompt wie der Austausch der Lokalredaktion mit der Lesergemeinschaft, der Community.
- Seien Sie auch bei Kleinigkeiten genau: Tipp-, Rechtschreib- und Grammatikfehler werfen ein schlechtes Licht auf die journalistischen Produkte.
- Für Qualität bezahlt der User sicher lieber als für lieblos aufbereiteten Content.
- Sagte da jemand: »Träum doch!«? Ja, davon dass alle einzelnen Journalisten durch einen hohen Anspruch sowie Verleger und Senderverantwortliche

Tipps

Tipps

durch kluge Investitionen erkennen, dass sie verantwortlich sind für einen guten, Demokratie fördernden Journalismus im digitalen Zeitalter. Alle zusammen und jeder einzeln. Journalisten sollten ihre Verantwortung ernst nehmen – egal auf welcher Plattform sie publizieren.

ein Chat zum Thema sinnvoll? Wollen wir User-Kommentare? Mehr zu Darstellungsformen siehe Kapitel 5.

Bereits erstellte Angebote und weitere Seiten oder Dokumente im Netz, die *verlinkt* werden können, werden nun gesucht.

Falls es neue Entwicklungen gibt, wird der Text ständig akualisiert.

Neben den tagesaktuellen Entscheidungen, die in den Konferenzen getroffen werden, ist auch eine mittel- und langfristige Planung sinnvoll, da gerade multimediale und interaktive Projekte vorausschauendes Arbeiten erfordern.

In Nachrichtenredaktionen beschleunigen Breaking News (Eilmeldungen) das Geschehen natürlich immens: Das gesamte Team konzentriert sich dann auf diese eine Meldung: Stimmt sie? Welche Quelle(n) haben wir und müssen wir nennen? Wer aktualisiert die Homepage? Wer verschickt das E-Mail- und SMS-Telegramm mit der Eilmeldung an die Abonnenten? Wer liest gegen? Wer sucht nach Bildern? Wer ruft die zuständigen Quellen oder Mitarbeiter in der Region an? Im Gegensatz zu Fernseh- und Zeitungsredaktionen muss für die schnelle Nachricht auf der Internetseite keine Studiomannschaft antreten oder die Druckmaschine angeworfen werden. Das Team in der Onlineredaktion muss jedoch feste Abläufe für solche Situationen vereinbaren, damit die Meldung schnell und korrekt auf der Seite steht sowie fortlaufend ergänzt und geprüft wird.

Der zunehmende Konkurrenzdruck, schnell sein zu müssen, birgt natürlich auch Gefahren.

Für Berufsanfänger und Journalisten, die zukünftig im Onlinejournalismus arbeiten, ist wichtig, einige Voraussetzungen zu kennen:

Es gibt immer noch das Vorurteil, dass in Onlineredaktionen hauptsächlich Quereinsteiger ohne journalistische Ausbildung arbeiten – entweder »Techies«, technisch versierte Onliner ohne redaktionelle Erfahrung, oder »Content-Hühner« (in Anspielung auf die Legebatterien), die mit »Copy and Paste« (kopieren und einfügen) Texte in ein Redaktionssystem, ein Content-Management-System, füllen. Nichts gegen Quereinsteiger – sie sind nicht unbedingt die schlechteren Publizisten. Und Content-Manager können ein sehr differenziertes und anspruchsvolles Aufgabengebiet haben. Die meisten Onlineredaktionen stellen jedoch in der Regel qualifizierte Journalisten ein.

Literatur

Einen guten und aktuellen Überblick über Ausbildungswege in den Journalismus gibt Gabriele Goderbauer-Marchner in »Journalist werden!«, 2009.

Die wenigsten Onlineredakteure können programmieren oder haben fundierte *HTML-Kenntnisse.*

Es ist gut, ein paar HTML-Befehle zu kennen, aber die sind so überschaubar, dass man sie sich auf einem kleinen Spickzettel notieren kann.

Nicht alle Mitarbeiter einer Onlineredaktion sind Profis bei der Onlinerecherche. Aber mehr als »Googeln« ist durchaus Standard. Es ist selbstverständlich besser, mehr als eine Such-

Definition

Hypertext Markup Language (HTML)

Die Auszeichnungssprache für Hypertext liefert die Grundstruktur für das Darstellen von Texten, Bildern und Links im World Wide Web.

Der kostenlose HTML-Kurs für Autodidakten im Internet: http://de.selfhtml.org/index.htm.

Beispiele

- <p> ein Textabsatz und sein Ende </p>
- <h1> wichtigste Überschrift </h1>
- <b> gefetteter Text </b>
- <i> kursive Schrift </i>
- Zeilenumbruch

maschine zu kennen und zu wissen, was welche Suchmaschine besonders gut kann oder wie man ohne Maschine schneller zum Ziel kommt.

Zum Thema Recherche im Internet gibt es ein paar empfehlenswerte Bücher:

Peter Berger: Unerkannt im Netz. Sicher kommunizieren und recherchieren im Internet. Konstanz 2008.

Marcel Machill/Markus Beiler/Martin Zenker: Journalistische Recherche im Internet. Bestandsaufnahme journalistischer Arbeitsweisen in Zeitungen, Hörfunk, Fernsehen und Online. Berlin 2008.

Ele Schöfthaler (unter Mitarbeit von Gabriele Hooffacker): Die Recherche. Ein Handbuch für Ausbildung und Praxis. Berlin 2006.

Literatur

Auch Michael Haller geht in seinem Standardwerk »Recherchieren« auf die Netzrecherche ein.

Informationen im Netz:

www.suchfibel.de

www.top-info.com/index.html

Vor allem Kenntnisse über die professionelle, kritische Einordnung der Suchergebnisse, der sorgfältige Umgang damit und Wissen über die Suchalgorithmen sind unerlässlich für Onlinejournalisten. Eigentlich sollte es überflüssig sein, das zu sagen: Die Suchergebnisse werden von Computerprogrammen (»Crawler« = Kriecher, auch »Spider« = Spinne) gefunden, die das Internet automatisch durchsuchen – mag das System auch noch so ausgeklügelt sein, es bleibt immer ein Moment der Zufälligkeit, was der Marktführer Google oder die Konkurrenten Yahoo, Ask, Bing, AltaVista & Co. auf den ersten zehn Plätzen anzeigen. Ein Vergleich lohnt sich immer.

»Page Rank« bei Google

Google wertet nicht einfach nur Wörter auf einer Website aus, sondern vor allem auch die Links, die auf eine Seite zeigen, sowie den Text dieser Links. Die Popularität einer Seite beruht auf der Anzahl der Links. Die Google-Bewertung dafür heißt »Page Rank« (nach dem Mitbegründer von Google, Larry Page). Je höher der »Page Rank« ist, desto wichtiger ist eine Seite und desto gewichtiger sind die Links, die von dieser Seite aus wiederum auf andere verweisen. Die Bewertung der Seite wird also von den Redaktionen, Blogs und anderen Websites stark beeinflusst: Wird eine Seite oft verlinkt, also für gut oder interes-

Definition

sant befunden, werden ihre Inhalte höher »gerankt«. Da das System so weit bekannt ist, verlockt es zu Manipulationen: Links werden z. B. gekauft. Das wiederum gefährdet die Qualität der Bewertung. Google bestraft Linkkauf mit einem, zumindest befristeten Entzug des »Page Ranks«. Das heißt die Inhalte der betreffenden Websites werden bei den Suchergebnissen gar nicht mehr angezeigt. Das geschieht z. B. auch bei der Vergabe von nicht korrekten Schlagwörtern, die eine hohe Trefferquote versprechen, aber nicht im Text auftauchen.

Google hat ohne Frage das Niveau der Erstrecherche erhöht, da die Möglichkeit der schnellen Suche von Journalisten immerhin wahrgenommen wird und damit Wissenslücken gleich gefüllt werden, die vorher einfach offengelassen wurden. Doch das blinde Vertrauen auf Google-Suchergebnisse treibt gleichzeitig erstaunliche Blüten:

»Wurm von der Wümme«

Am 10. Mai 2004 erschien im SPIEGEL auf Seite 35 der Bericht »Wurm von der Wümme« mit folgendem Anfang: »Ein 18-Jähriger aus Norddeutschland soll den Computerschädling ›Sasser‹ programmiert haben, der weltweit Millionenschäden anrichtete.
In dem Dorf Waffensen nahe dem niedersächsischen Rotenburg an der Wümme scheint die Welt noch in Ordnung: Der Gasthof ›Eichenhof‹ lockt mit gemütlicher Kaminschenke, Bauer Poppe um die Ecke verkauft Fleisch und Marmelade aus eigener Produktion, und bislang brachte allein der Shanty-Chor einen Hauch der großen, weiten Welt in den norddeutschen Heideflecken. Das dürfte

Beispiel

sich in dieser Woche ändern, das beschauliche Örtchen könnte bald weltweit bekannt werden.«
Ergebnis der Google-Suche nach »Waffensen« zum damaligen Zeitpunkt:

1. Eichenhof (Platz 1)
2. Bauer Poppe (Platz 3)
3. Shanty-Chor (Platz 12)

Gleich, nachdem der Beitrag am Samstag im Vorgriff auf das Heft bei SPIEGEL ONLINE erschienen war, meldete sich jedenfalls ein Journalist im Internetmedienforum jonet. Er hatte den Text gelesen und nebenbei »Waffensen« gegoogelt (in 0,13 Sekunden). Dabei war er auf das obige Treffer-Ranking gestoßen.

(Quelle: http://is.gd/6segp)

Es gibt sogar Redaktionsleiter, die nach einer Google-Suche darauf beharren, es heiße – egal in welchem Bedeutungszusammenhang – »die Vesper« und nicht »das Vesper«, weil sie zur erstgenannten Variante mehr Suchergebnisse gefunden hätten. Widerspruch lohnt sich. Das gilt auch für Besserwisser, die meinen, dass es »laut einem« und nicht »laut eines« heiße – nur weil Google zur ersten Variante 1.220.000 und zur zweiten nur knapp 63.000 Suchergebnisse meldete.

Neuheiten und Trends im Onlinejournalismus und auch Wissen über technische Entwicklungen und Hintergründe der Internetökonomie gehören nicht zum Allgemeinwissen aller Onlineredakteure. Dass es Journalisten mit entsprechendem Know-how in der Redaktion gibt, ist jedoch im Sinne jeder Chefredaktion. Erstens ist es entscheidend, bei den multimedialen und interaktiven Darstellungsformen nicht hinterherzuhinken und die Anbindung ans Social Web nicht zu verschlafen. Eine Onlineredaktion muss verfolgen, was im Netz

Tipp

- Bookmarks zu verschiedenen Suchmaschinen machen eine vergleichende Suche einfacher.
- Ein Text sollte nicht mit den Worten beginnen: »Wer bei Google das Suchwort Madonna eingibt, weiß, dass Religion kaum noch eine Rolle spielt in unserer Gesellschaft ...« Das Netz kann Hinweise auf Trends und Strömungen geben, aber es ist ganz sicher kein Abbild des wirklichen Lebens.
- Ein Wikipedia-Eintrag ist keine verlässliche Quelle. Jeder kluge PR-Berater rät Organisationen und Unternehmen, in den passenden Beiträgen ihre Standpunkte und Experten geschickt unterzubringen.

passiert – auch und vielleicht sogar vor allem außerhalb der journalistischen und nationalen Angebote. Zweitens sind die ökonomischen und technischen Entwicklungen für viele Leser des Angebots interessant, denn sie bewegen sich ja im Internet. Das heißt, diese Themen müssen journalistisch aufbereitet werden, wozu ein möglichst umfassendes Wissen und Grundverständnis aufseiten der Redaktion notwendig ist. Wer sich in diesem Themenbereich auskennt, ist in Onlineredaktionen also ein gern angeheuerter Kollege.

Was sind eigentlich Content-Manager? Die Berufsbezeichnung ist nicht geschützt oder definiert. Unter Redakteuren ist die Bezeichnung eher ein Schimpfwort: Gemeint sind dann Jobs, bei denen keine journalistische Arbeit, sondern nur das Bestücken der Website mit Beiträgen anderer verlangt wird. In Unternehmen kann der Content-Manager aber durchaus derjenige sein, der die Onlinestrategie inklusive der Inhalte bestimmt.

Für den Begriff Leser-Blatt-Bindung aus dem Printbereich gibt es im Onlinejournalismus natürlich eine englische Bezeichnung: *»Community-Management«*. Der Stellenwert dieser Aufgabe wird in den Redaktionen immer größer: Es geht um die Betreuung und Moderation der Beiträge, die von den Besuchern der Website verfasst werden. Das Stellenprofil für Community-Manager setzt vor allem Erfahrungen in der Moderation von Onlineforen voraus. In Ausschreibungen steht zudem: profundes technisches Verständnis der Möglichkeiten im Netz und – am besten auf Grundlage journalistischer Kriterien – die Fähigkeit, Themen und Tendenzen in der Community zu erkennen und sie in den redaktionellen Ablauf einzubringen (mehr zu von Usern erstellten Beiträgen siehe Kapitel 5).

Beispiel

Wer ging wann online

Onlinejournalismus entstand mit der Verbreitung von Webbrowsern, d. h. Programmen, die das Anschauen von Internetseiten im World Wide Web erst möglich machten. Nach weniger erfolgreichen Vorläufern setze sich 1994 der Netscape-Browser durch.

1994: PALO ALTO WEEKLY beginnt als erste US-Zeitung, regelmäßig im Web zu publizieren.
SPIEGEL
TIME MAGAZINE
1995: DER STANDARD
DIE TAGESZEITUNG (TAZ)
SCHWERINER VOLKSZEITUNG
SALON.COM, erstes reines Onlinemagazin
1996: TAGESSCHAU
1997: SLASHDOT.COM
2000: NETZEITUNG, deutsche Onlinezeitung (2009 eingestellt)
2002: BILD

4 Texten fürs Netz

Ein großer Unterschied zwischen Texten im Internet und in Printmedien ist, dass die Leser auf der Homepage zunächst nur Überschriften und Teaser sowie eventuell Fotos sehen. Sie entscheiden in weniger als einer Sekunde, ob sie auf die Wörtchen »mehr«, »weiter« oder auf »Lesen Sie mehr ...« am Ende des Teasers klicken oder nicht.

Ein weiterer wichtiger Unterschied findet sich im Textaufbau, der durch den Hypertext bestimmt ist, der wiederum das Arbeiten mit Modulen – das Miteinanderverknüpfen von Texten und anderen multimedialen Elementen – ermöglicht. Onlineredakteure müssen deshalb ein starkes Augenmerk auf die sogenannten Mikrotexte legen, mit denen sie auf weitere Inhalte verweisen: die Betitelung von Links, Videos und Audios; Kurzüberschriften für verknüpfte Meldungen; Kurzteaser im Schlagzeilenformat für die Ankündigung weiterer Textteile (wenn ein langer Bericht in mehrere Teile aufgeteilt wird) oder zusätzlicher Berichterstattung.

In jeder Phase der inhaltlichen und äußeren Textgestaltung ist das bereits erwähnte andere Leseverhalten am Bildschirm und auch die – im Vergleich zu gedruckten Medien, aber auch zum Fernsehen und Radiohören – andere Rezeptionssituation zu berücksichtigen. Auch das ist Thema in diesem Kapitel.

Überschriften

Was soll eine Überschrift leisten?

1. Gebot: Aufmerksamkeit!
Eine Überschrift ist wie eine Fanfare, ein Zuruf der wichtigsten Information.

Die ersten Worte einer Überschrift sollten möglichst »Attention Grabbers« sein, denn wir lesen von links nach rechts.

2. Gebot: Information!
So konkret wie möglich den Inhalt abbilden. Der Inhalt muss schnell aus der Überschrift erschlossen werden können. Carlo Imboden von ReaderScan: »Leser verlangen eine klare Aussage.«

Definition

ReaderScan

Die Methode zur Erfassung des Leseverhaltens bei Printmedien wurde von dem Schweizer Carlo Imboden entwickelt. Mithilfe eines Scanners in Stiftform erfassen die Kandidaten einer Versuchsgruppe (bis zu 400), was sie in der Zeitung oder in der Zeitschrift lesen. Die Studien liefern Anhaltswerte, aber das flüchtige Lesen oder Erfassen von Text beim Umblättern wird nicht erfasst.

3. Gebot: keine Bescheidenheit!
Was die Redaktion weiß, sollte sie auf der Homepage verkünden, d.h. Exklusivität deutlich machen, Besonderheiten herausstreichen, Autor nennen, weil dies auf eine persönliche Sichtweise und eigene Berichterstattung des Mediums hinweist; konkrete Zahlen nennen, weil dies die Expertise des Verfassers des Berichts deutlich macht. Die journalistischen Perlen also auf keinen Fall im Bericht verstecken, weil die Leser dort eventuell gar nicht hingelangen und sie entdecken können.

Ist das Interesse oder die Neugier geweckt, werden auch Texte »unterm Bruch«, also unterhalb der ersten Bildschirmseite, angeklickt. Allerdings sollte keine Redaktion sklavisch die Worte so lange verschieben, bis die entscheidenden vorne stehen: Wir nehmen in Wortfeldern wahr, erfassen also schnell den Sinn einer ganzen Zeile, vor allem in großen Lettern.

Klarheit geht vor Originalität: Die Überschrift muss eindeutig sein.
Die Überschrift sollte ohne Vorwissen sofort verständlich sein – für alle!

Für Verwirrung sorgen z. B. oft Zitate als Überschrift. Sie sind meistens nur aus dem Kontext heraus verständlich, d. h. der User muss zumindest im Teaser nach einer Zuordnung suchen. Wenn dann im Teaser nicht steht, von wem das Zitat stammt, ist die entscheidende Sekunde sicher schon verstrichen und der User versucht sein Glück woanders.

Zitate eignen sich dann für eine Überschrift, wenn sie wichtige, zentrale oder überraschende Aussagen kraftvoll auf den Punkt bringen. Diese Schlagzeile ist z. B. ein echter Hingucker:

Interview mit Pilot Sullenberger
"Vögel! rief ich. Shit! rief der Kopilot"
Am 15. Januar 2009 gelang Chesley Sullenberger eine Notwasserung auf dem Hudson River. Der Pilot hat die dramatischsten Sekunden seines Leben bis heute nicht verdaut. Ein *FR-Gespräch* über Angst und Selbstkontrolle, Ruhm und Trauma. ***Mehr***

Fotostrecke: **Rückblick - Airbus landet auf dem Hudson River**

(Quelle: fr.online.de am 09.12.2009)

Ein gutes Beispiel ist auch:

"Nicht im Schlaf fönen!"
Sie sollen die USA sicherer machen: Warnhinweise. Endlich verschlucken die US-Bürger keine Angelhaken mehr und waschen ihre Mitmenschen nicht länger in Waschmaschinen. Hört sich albern an, ist es meist auch - doch selbst für die abstrusesten Warnungen gibt es mitunter handfeste Gründe. **Klaus Scherer** berichtet. [mehr]

(Quelle: tagesschau.de am 19.12.2009)

Leser interessieren sich für Menschen, die etwas zu sagen haben. Aber schwammige oder stark verkürzte Zitate halten vom Lesen ab.

Was in Anführungszeichen steht, also als wörtliches Zitat gekennzeichnet ist, muss auch so gesagt worden sein. Kürzungen können also nur mit äußerster Vorsicht vorgenommen werden, da sie den Sinn der Aussage nicht verändern dürfen.

Beispiele

Schwierige, unbekannte oder überflüssige fremdsprachliche Wörter erschweren das schnelle Verstehen:

»BILD auf dem iPhone:
Angriff auf die Kostenloskultur«

oder:

»BGH stärkt Kundenrechte bei eBay-Kauf:
Kein Wertersatz für zerkratzte Schuhsohlen«

oder:

»Dompteur bei Dinner-Show von Tigern angefallen«

Bei harten Nachrichtenthemen (»Hard News«) verkündet die Überschrift den in der Meldung beschriebenen Status quo, greift die Konsequenz dieser Nachricht auf oder reißt bereits eine Erklärung oder Analyse des Ereignisses an. Wichtig ist es, in diesem schnellen Medium in der Überschrift den neuesten Stand der Dinge zu vermelden. So erkennen die User auf den ersten Blick, dass etwas passiert ist seit ihrem letzten Besuch.

Bei weicheren Themen (»Soft News«) kann die Überschrift selbstverständlich auch die Neuigkeit verkünden. Eine andere Methode ist, einen wichtigen oder besonderen Aspekt herauszugreifen. Das funktioniert auch bei Nachrichten, z. B. wenn der gesamte Inhalt zu komplex ist, um ihn in der Schlagzeile zu erfassen.

Witzig und keck sollte die Überschrift nur sein, wenn das wirklich zum Thema passt.

Die direkte Ansprache der Leser ist nur dann angebracht, wenn eine bestimmte Zielgruppe gemeint ist.

Wie wird eine Überschrift formuliert?

- Meldung genau lesen. Die Überschrift muss den Kern des Textes treffen. Sie darf nichts aussagen, was der Text nicht beinhaltet.
- Den Küchenzuruf formulieren und daraus eine Schlagzeile machen. Für Henri Nannen, den Gründer der Zeitschrift STERN, war der Küchenzuruf der Clou einer Geschichte, nämlich der Satz, den der Zeitung lesende Mann seiner Frau in der Küche zuruft, wenn sie fragt: »Was ist denn passiert, Schatz?«
- Schlüsselwörter und Signalwörter benutzen, die den Lesern die Orientierung erleichtern und ihr Interesse wecken.
- Vor allem bei Themen, über die schon berichtet wurde, muss sofort klar sein: Geht es noch um das Ereignis selbst, die Folgen, die Konsequenzen, die Reaktionen?
- Verben einsetzen: aktiv und stark.
- Keine Ironie und Witz! Ironie klappt nie bei einem (heterogenen) Massenpublikum.
- Keine Klischees! Bricht etwa wieder einmal jemand eine Lanze oder sieht einen Silberstreif am Horizont?
- Gut lesbare und bekannte Wörter verwenden: keine Zungenbrecher, keine Nominalkonstruktionen, keine Fremdwörter, Abkürzungen oder Fachbegriffe – es sei denn sie sind sehr verbreitet oder viel benutzt!
- Rhythmus durch Reihung, Reim und Alliteration: »Schwarze Braut und grüne Mitgift« (spiegel.de

Checkliste

im April 2008 über die Abstimmung der Grünen über die Koalition mit der CDU), »Entwurf sorgt für Eklat« (taz.de im Dezember 2009 über den Klimagipfel in Kopenhagen), »Hundt gegen Heldt« (faz.net im Dezember 2009 über den Streit zwischen Aufsichtsratschef und Sportdirektor beim VfB Stuttgart).

- Immer gut: Die Überschrift laut den Kollegen vorlesen!

Auf vielen journalistischen (und auch anderen) Onlineportalen hat sich die Kombination Hauptschlagzeile mit Dachzeile durchgesetzt. Aber es gibt auch – allerdings selten – Unterzeilen wie in gedruckten Medien.

Die kurze Zeile in kleinerer Schrift über der Headline dient der »Verortung«: thematisch, geografisch, formal (Nennung der Darstellungsform). Damit haben die Redakteure in der eigentlichen Schlagzeile mehr Spielraum für ihre Formulierungen. Selten wird die Dachzeile zuerst gelesen, häufig dient sie dem User mit dem zweiten oder dritten Blick zur Orientierung oder Vergewisserung.

Überschrift und Dachzeile bzw. Unterzeile müssen korrespondieren. Sie sollten sich in der Wortwahl nicht wiederholen. Das wäre verschenkter Platz – wie in diesen Beispielen:

Beispiele

»Umweltzone verteidigt
Umweltsenator sieht Erfolg«

oder:

»Literaturpreis für Erstlingswerk
Autor mit Debütpreis ausgezeichnet«

Generell gilt: Überschriften sollten nicht zu lang sein, das ist auch eine Frage der Formulierungskunst, nicht nur der Buchstabenmenge. Seriöse Überschriften sollten genaue Angaben enthalten und trotzdem möglichst kurz und knackig sein. Überschriften sollten als Zuruf funktionieren, also ohne Luftholen und Stolpern über zungenbrecherische Formulierungen gesprochen werden können.

Tipps

Das Salz in der Überschrift

- Verfremdung: Abwandlung bekannter Film-, Lied-, Buchtitel oder Werbespots, aber Vorsicht vor abgegriffenen Titeln wie: »Der, der aus dem … kommt; »Der Stoff, aus dem …«; »Der mit dem … tanzt«;
- Gegensätze sorgen für Spannung: (Überschrift der SÜDDEUTSCHEN ZEITUNG für ein Porträt über Ulla Schmidt: »Ganz groß im Kleinkrieg«) – Achtung: Die erste Idee für ein Gegensatzpaar ist nicht immer die beste;
- Sprachwitz: Witzig und originell sind Überschriften, in denen ein doppelter Sinn steckt (sueddeutsche.de über Edmund Stoiber »Der Zauderkünstler«, spiegel.de über einen kokainabhängigen Fußballspieler »Leben zwischen weißen Linien«);
- Erwartungen brechen: »100 Jahre Schwulenbewegung« auf Foto von Ernie und Bert montiert;
- Provozierende Fragen stellen: (»Lachen Sie über Behinderte?«);
- Absurde Assoziationen herstellen: (»Mein Sofa fährt 210« über ein schnelles Auto, das sehr bequem ausgestattet ist);
- Gefühle ansprechen: Glück, Angst, Liebe, Schadenfreude …

Schlagzeilen können, müssen aber keine vollständigen Sätze sein:

- Artikel werden meistens weggelassen.
- Es muss kein Verb verwendet werden,
- aber: Verben machen Überschriften dynamischer.
- Fragen müssen echte Fragen sein, keine rhetorischen. Achtung: Ein Fragezeichen stellt etwas infrage, zweifelt also an der Aussage und schließt gleichzeitig ihre Richtigkeit nicht aus. Verkündet z. B. ein Politiker Frieden im Nahen Osten in einem Jahr, wäre die Überschrift »Nahost-Konflikt: Frieden in einem Jahr?« verfehlt, da sie etwas Unwahrscheinliches in den Bereich des Möglichen rückt.
- Ausrufezeichen sind wirklich Ausrufen und Aufrufen vorbehalten.

Merke

Nicht zu viele Fragen stellen. Die User suchen Antworten, keine Fragezeichen auf journalistischen Seiten.

Der Weg zur richtigen Überschrift

1. Welche Aussage darf in der Überschrift nicht fehlen, welche Ws (wer, was, wo, wann, wie warum, welche Quelle)?
2. Was sind die richtigen Keywords?
3. Was unterscheidet meinen Text von anderen?
4. So kurz wie möglich, so lang wie nötig,
5. Fachwörter und wenig bekannte Wörter vermeiden,

Checkliste

6. nur selten verwenden, was sich nicht sofort erschließt (Metaphern, Zitate),
7. prägnante und wirkungsvolle Reizwörter sind wichtig,
8. mit Unerwartetem locken, aber nichts versprechen, was der Text nicht hält.

Teaser und Cliffhänger

Teaser und Überschrift bilden eine enge Einheit. Sie sind in Onlinemedien der entscheidende Einstiegspunkt in das redaktionelle Angebot. Als Blickfang gehört auf den meisten Homepages noch das Bild neben dem Teaser dazu.

Der Teaser muss so geschrieben sein, dass die Leser wissen, was sie davon haben, ihn anzuklicken: Information, Service, Spaß. Das verkündet oder verspricht der Teaser gemeinsam mit der Überschrift: Das englische Wort »to tease« bedeutet locken oder reizen.

Das heißt aber auch: Wer klickt, will belohnt werden. Ganz praktisch folgt daraus, dass die folgende Meldung mindestens zehn Zeilen lang sein sollte. Inhaltlich lautet der Grundsatz: Was auf der Verpackung steht (im Teaser und in der Überschrift), sollte auch darin sein. Wer seine User zu oft enttäuscht, verliert sie. Achtung! Versprechen einhalten!

Solche sinnlichen Zuschreibungen wie reizen, locken und versprechen scheinen zunächst nicht ins Bild des seriösen Qualitätsjournalismus zu passen. Aber sollte nicht auch jeder Vorspann so geschrieben und jeder Trailer so gedreht und geschnitten sein, dass sie zum Lesen und Anschauen verführen? Tatsächlich finden sich auch in gedruckten Medien immer mehr knapp und pointiert geschriebene Vorspanne.

Ein Beispiel aus der FRANKFURTER RUNDSCHAU vom März 2007 (Vorspann für ein Wortlaut-Interview):

Beispiel

Starker Regulierer ist nötig

Der Chef des Stromkonzerns EnBW, Utz Claassen, über die EU-Klimapolitik, Strompreise und Sex im Dunkeln.
Frage: …
Claassen: …

Tipp

Das Motiv auf dem Teaserbild sollte nicht zu kleinteilig sein, also keine weitwinkligen Totalaufnahmen. Auch sollte es eher kontrastierende Farben haben, weil auf dem meist kleinen Bild kaum etwas zu erkennen ist. Bei den Userstudien wird immer wieder festgestellt, dass oft Gesichter länger im Fokus des Auges bleiben. Teasertext und Foto sollten natürlich zusammenpassen. Wenn das nicht so ist, irritiert das und wirkt unfreiwillig komisch wie bei diesem Beispiel auf der Homepage des Fernsehsenders ARTE im Juli 2008:

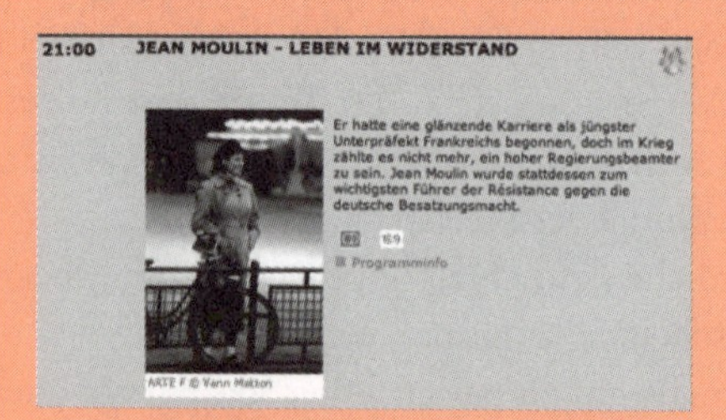

Bei Aktualisierungen von Teaser und Überschrift immer einen prüfenden Blick auf das daneben stehende Foto werfen, ob es aktuell noch passt.

Auch in Printmedien gibt es Ankündigungen auf der ersten Seite für Berichte auf den hinteren Seiten der Zeitung. Hier ein wunderbares Beispiel aus der FRANKFURTER ALLGEMEINEN ZEITUNG vom 5. November 2009 – der Text stand unter einem Porträtfoto des jungen Claude Lévi-Strauss auf der Titelseite:

Beispiel

Nicht weit vom Stamm

»Warum sollte ich meine Tochter heiraten, wenn ich sie im Tausch mit einem anderen Stamm verwenden kann?« So erklärte ein Eingeborener dem Anthropologen Claude Lévi-Strauss einmal die Logik des Inzesttabus. Lévi-Strauss (Nachrufe auf Seiten 31 bis 33), auf unserem Bild 1935 in Brasilien, erklärte die Kultur aus dem Prinzip des Tauschs. Strukturalismus heißt, dass man alles umkehren kann. General Motors beweist es. Detroit (Seite 11) fragte Berlin (Seite 3): Warum sollte ich meine Tochter verkaufen, wenn ich sie noch gebrauchen kann?

We proudly present Ms. Belinda Blurb!

Im US-amerikanischen Onlinejournalismus werden Teaser auch »Blurb« genannt, eigentlich die Bezeichnung für die kleinen begeisterten Kommentartexte auf Buchumschlägen oder Filmplakaten. Die Ursprünge der Wortschöpfung werden zurückgeführt auf Gelett Burgess, einen amerikanischen Humoristen. 1907 erfand er eine Figur, »Miss Belinda Blurb«, die nur dazu da war, nette Sachen über sein neues Buch zu sagen. Burgess' Verleger beschrieb sie als »das Abbild eines Fräuleins – gleichzeitig schmachtend, heldinnenhaft und kokett – wie auch immer: ein hübsches Fräulein auf jedem Umschlag«.

Überschrift und Teaser geben – wie der Vorspann plus Überschrift – die Leserichtung vor. Der Inhalt kann sowohl in einem streng nachrichtlichen Stil korrekt wiedergegeben werden als auch in einer lebendig geschriebenen Version. Es kommt darauf an, welcher Text folgt. Der Teaser sollte nie etwas versprechen, was der folgende Bericht nicht halten kann – inhaltlich, stilistisch und vom Tonfall her. Wer die User mit zu vollmundigen Teasern an der Nase herumführt, mag damit einmal Erfolg haben. Aber genervte User kehren sehr wahrscheinlich nicht zurück.

Unterschiedlich wird in Onlineredaktionen damit umgegangen, ob der Inhalt der Überschrift sich im Teaser wiederholen sollte und die Aussage der Überschrift sich in anderen Worten im Teaser wiederfinden sollte. Das ist in seriösen Medien üblich, d. h. beide Textelemente sind unabhängig voneinander inhaltlich komplett und verständlich. Selten übernimmt die Überschrift inhaltlich quasi die Funktion des ersten Satzes, indem dort ein oder zwei wichtige W-Fragen beantwortet werden, die im Teaser nicht erneut auftauchen.

Wir lesen von links nach rechts

Der amerikanische Usability-Experte Jakob Nielsen erforscht seit Jahren, was sich Nutzer auf Internetseiten anschauen und wie sie es tun.

Definition

Usability

Im Zusammenhang mit Onlinejournalismus ist damit die Nutzerfreundlichkeit bzw. Nutzbarkeit einer Website gemeint. Faktoren sind dabei die schnelle Orientierung auf der Homepage für die jeweilige Zielgruppe und die möglichst attraktive und angemessene Präsentation der Inhalte.

Bei ihren Studien haben Nielsen und sein Team herausgefunden, dass das Leseverhalten der User weitgehend übereinstimmend ist. Das vorherrschende Muster beim Lesen gleiche der Form eines Fs. Die erste Augenbewegung sei horizontal oben auf der Seite, der obere F-Balken. Dann springen die Augen der User laut Nielsen-Eyetrack-Studien ein Stück nach unten, lesen aber nicht ganz so weit nach rechts. Daraus formt sich der untere F-Balken. Zuletzt überfliegen (scannen) die Leser demnach das Onlineangebot vertikal – mit einer manchmal recht langsamen, manchmal sehr schnellen Augenbewegung auf der linken Seite nach unten – der Stamm des Fs ist manchmal also kräftig, manchmal lückenhaft.

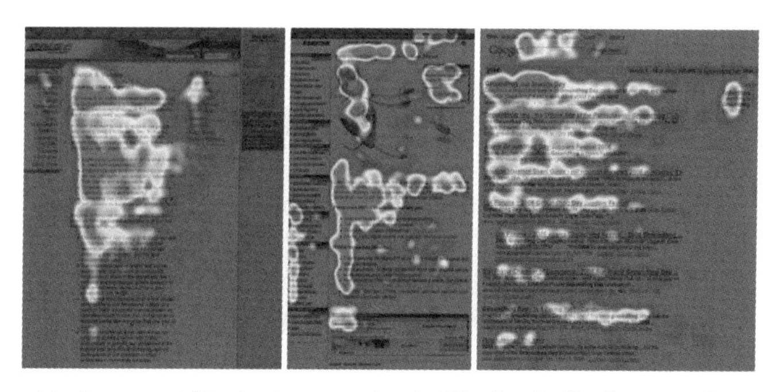

»Heatmaps«, Hitzekarten, werden bei Eyetrack-Studien erstellt – hier von drei Websites. Im Original sind die Stellen, auf die die User am meisten geschaut haben, rot, die gelbe Farbe weist auf weniger Betrachter hin, die blauen auf noch weniger. Auf den grauen Flächen wurden keine Blickfixierungen registriert.

(Quelle: useit.com; URL: http://is.gd/5fZEL)

Merke

Wenn die ersten Worte die Leser fesseln, lesen sie wahrscheinlich weiter.
Im Durchschnitt erhält eine Überschrift weniger als eine Sekunde Aufmerksamkeit vom Betrachter.

Auch in anderen Userstudien wurde bestätigt, was viele von ihrem eigenen Leseverhalten im Internet kennen: Wir scannen eine Liste von Überschriften und lesen oft nicht einmal die ganze Überschrift und den ganzen Teaser.

Kein Tüdelkram: informativ, nachrichtlich, seriös

Tüdelkram ist ein plattdeutsches Wort und bezeichnet verworrenes Zeug. Im Onlinejournalismus dürfte das Wort nicht in der Überschrift stehen, da es außer Norddeutschen niemand auf Anhieb versteht. Aber für die wäre das Wort ein absoluter »Attention Grabber«, Aufmerksammacher.

Solche Worte erfüllen auch ihren Zweck, wenn die User sie weiter unten auf der Homepage entdecken. Dabei kann es sich z. B. um einen Ortsnamen oder stadtbekannten Namen handeln: Bei einer Poynter-Eyetrack-Studie, die mit einer Versuchsgruppe aus San Francisco durchgeführt wurde, blieb der Blick der Probanden auffällig häufig bei einem Text über »craigslist.org« hängen, obwohl er weit unten auf der Homepage stand. Das Unternehmen Craiglist, eine erfolgreiche Website mit Kleinanzeigen, hat seinen Sitz in San Francisco.

Aufmerksamkeit erregt, was uns angeht, was uns betrifft. Ob geografisch, lebenspraktisch, oder emotional – dieser Bezug zu den Lesern sollte möglichst konkret und präzise ausgesprochen werden. »Betroffenheit« wird in einer Überschrift oder einem Teaser hergestellt, indem die Fragen beantwortet werden:

- Was bedeutet die Nachricht für den Leser?
- Welchen Nutzen hat er von der Lektüre: wichtige Information, Befriedigung von Neugier oder Interesse, Spaß am Inhalt oder am Lesen bzw. Anschauen?

Der Nutzwert ist maßgeblich für die Entscheidung, eine Meldung anzuklicken.

Auch für Teaser gilt: Der Einstiegssatz, die ersten Worte sind am wichtigsten. Auf Teaser zu verzichten und nur mit Schlagzeilen die dahinter liegenden Texte anzukündigen, schränkt die Möglichkeit ein, für die Texte zu werben bzw. den Lesern einen ersten Eindruck zu vermitteln.

Tipp

Teaser als Ankündigungs- und Werbefläche für die Inhalte der Website nutzen.

Sich kurz halten – ja, aber das ist relativ. Die Teaserlängen sind zentraler Bestandteil der Gesamtkonzeption einer Seite im Netz. Sie können je nach Gewichtung der Meldung durchaus auch auf einer Site unterschiedlich lang sein. Auch das Layout spielt eine Rolle, z. B. kann eine Vorgabe sein, die Teaser so zu schreiben, dass der Text so lang ist wie das Foto daneben hoch ist.

Die Länge der Teaser variiert auf journalistischen Seiten stark: Gut zu wissen ist, dass bei der Darstellung der Suchergebnisse auf www.google.de unter der Überschrift rund 160 Zeichen des Inhalts angezeigt werden. Das sind im Regelfall die ersten 160 Zeichen des Teasers (mehr dazu unter »Die Suchmaschine im Hinterkopf«).

Klassische Längen für Teaser sind 20 bis 35 Wörter (nytimes.com), bis zu 300 Zeichen (tagesschau.de), ab etwa 240 bis über

300 Zeichen (spiegel.de) oder zwischen 58 und 220 Zeichen (superillu.de). Ein Vergleich von Teaserlängen ist auf www.wegweiseronline.de zusammengestellt.

Teaser sind immer ein in sich geschlossener kurzer Text, der die Perlen des Themas präsentiert.

Merke

Niemals den Teaser mitten im Satz oder gar mitten im Wort einfach abbrechen lassen.

Das Abbrechen von Aussagen macht nicht neugierig, sondern lässt auf mangelnde Formulierungskunst und lieblosen Umgang mit dem Webdesign schließen. Häufig wird in solchen Fällen der erste Teil des ersten Satzes automatisiert als Teaser auf die Homepage gezogen und den Lesern nach dem Klicken einfach noch einmal präsentiert.

Die seriöse Nummer

Nachrichtliche Teaser sind eine reelle Sache – nach dem Motto: »Wo Nutella draufsteht, ist auch Nutella drin.« Sie enthalten alle Antworten auf die wichtigsten W-Fragen.

Diese Variante sollte verwenden, wer Seriosität und präzise Information an absolut höchste Stelle setzt. Mit diesen Teasern wird nicht mehr versprochen oder angedeutet als der Text beinhaltet. Niemand klickt umsonst. Der User weiß vorher, was ihn erwartet.

Diese Teaser lassen keine Fragen offen. Das muss aber nicht langweilig sein.

Warum sollten die Leser also noch klicken?

- Weil sie aus eigenem Interesse mehr wissen wollen.
- Weil die im Teaser genannten Informationen darauf schließen lassen, dass die Redaktion fundierte Kenntnisse zum Thema hat.
- Weil der Teaser eine umfassende Einordnung des Themas verspricht.
- Weil Stil und Tonfall des Teasers eine interessante oder amüsante Lektüre vermuten lassen.

Doch die Krux bleibt: Mit rein nachrichtlichen, sachlichen Teasern gibt der Autor dem Text eventuell keine Chance, seine Besonderheiten, Extras, neuen Perspektiven vor den Lesern zu entfalten. Ohne Klick keine »Kundschaft«.

Das klingt nach Verkaufsstrategien. Aber journalistisches Schreiben sollte ja kein Selbstzweck sein, sondern eine Serviceleistung für das Publikum, das wir informieren wollen. Wer nur den Teaser liest, geht uns als Leser eventuell verloren, bevor wir ihn durch unseren kompetenten und gut recherchierten Text überzeugen konnten.

Für seriöse Medien im Internet gilt: Ein ernst zu nehmendes journalistisches Medienangebot im Netz darf sein Publikum nicht in die Irre führen aber durchaus sprachlich erfreuen. Auch wenn es sich um Soft News handelt, muss die Verpackung stimmen: Ist der Text witzig, schräg oder originell, sollte das durch Überschrift und Teaser signalisiert werden.

10 Regeln fürs Schreiben eines Teasers

1. Anreiz schaffen – etwas versprechen, aber nicht zu viel.
2. Eine Geschichte nicht künstlich interessant machen. Geweckte Erwartungen müssen erfüllt werden.

Checkliste

3. Einordnung des Inhalts, aber nicht Anspruch des Gesamtüberblicks wie beim Vorspann.
4. Relevanz des Themas deutlich machen.
5. Genau überlegen: Was steht ganz am Anfang? Die User lesen von links nach rechts und von oben nach unten.
6. Die journalistisch korrekten Zitierregeln einhalten: wörtliche Rede korrekt in Anführungsstrichen wiedergeben und nicht sinnentstellend kürzen. Die relevanten Quellen im Teaser nennen!
7. Kommentar und Bericht trennen.
8. Besonders beim Teaser noch einmal prüfen: Sind alle Füllwörter und überflüssigen Vorsilben gestrichen?
9. Gut verständlicher Satzaufbau, sofort verständliches Vokabular. Behörden- oder Nachrichtenagentursprache umformulieren. Sprachduktus und Wortwahl von Pressemitteilungen unbedingt prüfen (Beispiel: »Kompetenzteam«).
10. Trotz Kürze nicht in Telegramm- oder Stakkato-Stil verfallen: Nicht nur kurze Hauptsätze ohne Anbindung aneinanderreihen. Auch ein kurzer Text muss sich entfalten können. Die Länge der Teaser schwankt zwischen einem und drei Sätzen – je nach Website. Google zeigt die ersten 160 Zeichen an.

Cliffhanger: Am Abgrund vor dem Klick

Cliffhanger ist ein Begriff aus Film und Fernsehen. Er steht für den offenen Ausgang einer Geschichte und verspricht eine Fortsetzung, Aufklärung oder Lösung. Am Ende eines Films oder – in Serien oder Soaps – kurz vor Ende einer Folge wird die Spannung aufgebaut. Eine interessante Information wird nur angedeutet, so dass Neugier auf den Haupttext geweckt wird.

Beispiel

Wikileaks

Geheimnisse fürs Volk

Wikileaks möchte helfen, Missstände aufzudecken: Die vor zwei Jahren gegründeten Website veröffentlicht brisante Regierungs- und Konzerndokumente. So kamen Journalisten und Bürger durch Wikileaks schon manchem Betrug und Skandal auf die Schliche.

→ **Deutschlandfunk · Markt und Medien**

(Quelle: dlf.de am 10.12.2009)

Der Unterschied zwischen einem »kompletten« Teaser und einem Cliffhanger ist manchmal minimal und – wie im Beispiel oben – kaum auszumachen.

Beispiele

Cliffhanger eignen sich auch für Hard News. Aber die wichtigsten Infos dürfen nicht fehlen.

Premiere für den neuen Außenminister in Polen

Westerwelle-Besuch ein "hervorragendes Omen"

Sein erster Auslandsbesuch führte den neuen deutschen Außenminister nicht nach Frankreich, wie sonst seine Vorgänger, sondern nach Polen. Das sei kein Zufall, sagte Westerwelle und betonte: Ein enges Verhältnis zu Polen sei ihm ein "Kernanliegen". Auch zum Fall Steinbach nahm er indirekt Stellung.

Von Ludger Kazmierczak, ARD-Hörfunkstudio Warschau

(Quelle: tagesschau.de am 31.10.2009)

Der Streit über einen Sitz der Präsidentin des Bundes der Vertriebenen im Stiftungsrat des Zentrums gegen Vertreibung eskalierte erst in den darauffolgenden Tagen. Das Zitat in der Überschrift stammt vom polnischen Außenminister Radoslaw Sikorski.

Beispiel

BUNDESPRÄSIDENTENWAHL: Ein äußerst knapper Sieg und viel Heiterkeit
Das Duell ist Geschichte: Horst Köhler siegte im ersten Wahlgang so knapp wie kein Vorgänger vor ihm, Gesine Schwan erlebte eine bittere Niederlage. Lachen konnte am Ende ein anderer. [weiterlesen] »

(Quelle: zeit.de am 23.05.2009)

Der Spitzenkandidat der Linkspartei, Fernsehkommissar Peter Sodann, erhielt bei der Bundespräsidentenwahl zwei Stimmen mehr als die Linkspartei ihm geben konnte.

Allerdings sollte man auf keinen Fall ein wirklich wichtiges W offen lassen und inhaltlich nicht mit Leben und Tod spielen. Das wäre fahrlässig oder geschmacklos:

Beispiel

Schwerer Unfall an Bahnübergang

Zwei Menschen sind in der vergangenen Nacht ums Leben gekommen, als ihr Auto am Bahnübergang Süd mit einem Interregio zusammenstieß. Glück im Unglück hatte dabei ein elfjähriger Junge.

Im ersten Absatz oder in der ersten Zwischenüberschrift sollte der Cliffhanger aufgefangen werden. Ewiges Scrollen, mühsames Scannen des Textes und eine lange Suche nach der Auflösung sind für die meisten User eine Zumutung.

Cliffhanger können auf verschiedene Weisen geschrieben werden.

Durch eine Andeutung:

Beispiel

30 Jahre nach RAF-Mord an Schleyer

Ex-Terrorist nennt Namen der angeblichen Schützen

Vor knapp 30 Jahren wurde der damalige Arbeitgeberpräsident Schleyer von der RAF ermordet. Wer die tödlichen Schüsse abgab, behielten die Terroristen für sich. Bei der Recherche für die ARD-Dokumentation »Die RAF« hat einer der damals Beteiligten sein Schweigen gebrochen.

(Quelle: tagesschau.de am 07.09.2007)

Durch Hervorheben einer Beobachtung am Rande, die zudem mehr solcher Eindrücke vor Ort verspricht:

Beispiel

Schröders Vertrauensfrage

»Ich, Helmut Kohl«

Mit einer rhetorisch gedämpften, staatspolitischen Rede setzte der Bundeskanzler heute den Schlusspunkt dieser Legislaturperiode. Nur Freund Joschka konnte die ernste Miene Gerhard Schröders aufheitern. Von Carsten Volkery

(Quelle: spiegel.de am 01.07.2005)

Das Zitat in der Überschrift bezieht sich darauf, dass Schröder die Rede seines Vorgängers Helmut Kohl zitierte, mit der dieser 1982 seine Vertrauensfrage begründete.

Durch eine *direkte Frage*:

Kabinett Beckstein

Huber soll Minister bleiben

CSU-Chef Erwin Huber soll – allen Spekulationen zum Trotz – auch unter Ministerpräsident Beckstein im Kabinett bleiben. Und was wird aus Markus Söder?

(Quelle: sueddeutsche.de am 01.10.2007)

Durch die *Ankündigung einer Überraschung*:

Kolumne: Mein Bauch gehört mir!

Gott sei Dank: Ich bin krank!

Unser Autor will die Brigitte-Diät testen und wird plötzlich krank. Also muss er eine Woche lang auf sein Projekt »Sixpack« verzichten – mit einem erstaunlichen Ergebnis. Von Jürgen Schneider

(Quelle: brigitte.de am 08.03.2007)

Durch eine – zumindest auf den ersten Blick – *ungewöhnliche Einschätzung, Einordnung oder Bemerkung*:

Broschüre gegen Rechtsextremismus

Mit Toilettenhäuschen in den Nahkampf

Im jüngsten Verfassungsschutzbericht warnt Innenminister Wolfgang Schäuble erneut vor den Gefahren des Rechtsextremismus. Doch was tun, wenn Neonazis ein Klubhaus in der Nachbarschaft gründen wollen? Wenn Glatzköpfe CDs mit Hetzmusik verteilen? Ein Ratgeber des rheinland-pfälzischen Innenministeriums gibt unkonventionelle Tipps. Von Christoph Schäfer.

(Quelle: stern.de am 15.05.2009)

Durch den *Verweis auf eine Lösung, auf Folgen oder Gründe*:

Beispiel

Weltrekord

Forscher zerlegen bisher größten Datenschlüssel

Wissenschaftler haben einen 768 Bit langen Schlüssel geknackt – eine Zahl mit 232 Stellen. Doch der Weltrekord zeigt gleichzeitig, dass die Daten im Internet besser geschützt werden müssen.

(Quelle: www.focus.de am 08.01.2010)

Durch den Hinweis auf den *Nutzwert* der Lektüre:

Beispiel

Stellenreport

Wo noch neue Jobs entstehen

Der Arbeitsmarkt zeigt sich noch stabil. Aber an Einstellungen denken im Augenblick nur wenige Unternehmen. Kommt im neuen Jahr die Arbeitsmarktkrise? Die Pläne der großen Unternehmen im Überblick. Von Georg Giersberg

(Quelle: faz.net am 07.01.2010)

Durch die Nennung einer *Besonderheit* oder eines ungewöhnlichen, absurden oder provozierenden Aspekts:

Beispiel

Sönke Wortmann im Interview

»Ein Mann muss zehn Jahre älter sein«

Der Regisseur Sönke Wortmann über seinen Film »Die Päpstin«, Frauenversteher wie ihn und warum es für Männer ratsam ist, sich deutlich jüngere Partnerinnen zu suchen.

(Quelle: fr-online.de am 26.10.2009)

Durch das Stehenlassen von *Alternativen* oder *Gegensätzen*:

Beispiel

Mord und Ratschlag

Winter im Gemüt

Auf den ersten Blick gleichen sich die verwitweten Helden von Brian Freemans »Doppelmord« und Peter Temples »Vergessene Schuld« – dennoch gibt es einen Unterschied zwischen den Büchern: Das eine taugt was, das andere nicht.

(Quelle: perlentaucher.de am 10.12.2007)

Beim Formulieren eines Teasers lohnt sich die prüfende Frage: Entsteht eventuell ein guter Cliffhanger, wenn der letzte Satz des Teasers gestrichen wird?

Merke

Das RUDI-Prinzip für Teaser

Relevant:
- Teaser muss den Kern des Themas in zwei bis drei Sätzen treffen,
- Doppelinformationen und wörtliche Wiederholungen vermeiden.

Unvollständig:
- Wenn es angemessen ist, ein W weglassen, um Neugier zu wecken,
- mit Andeutungen neugierig machen (Cliffhanger).

Direkt:
- Aktiv formulieren, starke Verben benutzen, möglichst konkret schreiben (Bilder im Kopf der Leser entstehen lassen),
- schlanker Satzbau, Füllwörter streichen.

Interessant:
- Einzigartigkeit des Textes darstellen,
- Nutzwert der Information deutlich machen,
- Perlen des Textes (her)ausstellen.

Die Suchmaschine im Hinterkopf

Weit mehr als 50 Prozent der Meldungen werden im Durchschnitt über Google gefunden. Dabei spielt jedoch nicht nur die Wortwahl in der Überschrift und im Teaser eine Rolle, sondern auch auf technischer Ebene ist einiges zu bedenken. Für Redakteure ist es sinnvoll, über beides informiert zu sein. Sie sollten sich jedoch nicht nur daran orientieren: Journalistische Inhalte und gute Formulierungen gehen vor.

Wie Webcrawler arbeiten

Die Programmierung der Suchprogramme – Crawler oder Spider genannt – ist das Betriebsgeheimnis der Suchmaschinenbetreiber. Aber ein paar Kriterien sind bekannt, von denen die Rangfolge der Suchergebnisse bestimmt wird:

1. Verlinkung – sowohl die Linkmenge auf die gesamte Website wie auch die Linkmenge auf einzelne Unterseiten des Angebots sorgen für ein Aufrücken bei den Suchergebnissen. Es geht also nicht in erster Linie darum, wie viele Links die Redaktion auf andere Sites setzt, sondern wie viele Links auf das eigene Angebot gesetzt werden. In vielen Suchmaschinen wird die Anzahl der »Backlinks« (Rückverweise) als Indiz für die Linkpopularität oder Wichtigkeit einer Webseite verwendet – eine durchaus basisdemokratische Technologie.

Ein wichtiges Stichwort ist in diesem Zusammenhang jedoch das Aufbauen eigener Medienwelten oder Linkfarmen. Wer Zugang zu vielen Weblogs hat, kann von dort zahlreiche Links auf bestimmte Onlineangebote setzen – solche Manipulationen sind für die Nutzer nicht erkennbar.

2. Keyword-Aufkommen – wichtige Schlagwörter müssen an entscheidenden Stellen platziert sein: in den Überschriften und im Teaser. Diese Textteile müssen im HTML-Quelltext für die Suchmaschinen erkennbar sein: Seitentitel (title), Überschriften/Headlines (H1, H2 etc.), Teaser (»description«), Schlagwörter (»keywords«) und die Beschriftung der Links (auch solcher, die auf die betreffende Seite verweisen). Auch in der URL des Artikels sollten die Wörter vorkommen.

Beispiel

http://www.ftd.de/politik/international/:gescheiterter-gipfel-merkel-und-obama-gehen-in-die-offensive/50052558.html

Tatsächlich ist die »Description«, die im Regelfall automatisch aus dem Teaser generiert wird, neben dem Titel der wichtigste Text auf einer Site. Dementsprechend viel Aufmerksamkeit sollte man ihr schenken.

Im Browser kann über die Funktion Ansicht der Seitenquelltext angesteuert werden – dort tauchen dann die Begriffe »Description«, »Keywords« etc. auf:

Beispiel

Hier ein Beispiel von welt.de (Ausschnitt aus dem Quelltext vom 20.12.2009):

```
        <meta name="date" content="2009-12-20" />
    <meta name="description" content="Der Düsseldorfer Flughafen hat seinen Betrieb w
<meta name="keywords" content="Düsseldorf, Flughafen, Schneefälle, Winter, Reiseverke
<meta name="keywords_ad" content="Düsseldorf,Flughafen,Schneefälle"/>
<meta name="author" content="welt.de"/>
    <meta name="location" content="welt.de"/>
    <title>Flugverkehr: Düsseldorfer Flughafen wegen Schnee gesperrt - Nachrichten Ve
```

Der Text läuft aus dem Bild heraus. Erkennbar sind der Anfang der Description und die Keywords.

Im Content-Management-System der Redaktion ist im Regelfall ein Feld vorgesehen, in dem Keywords (Schlagwörter, Schlüsselbegriffe, Tags) vergeben werden können. Diese können für die interne wie für die externe Suche relevant sein.

Beispiel

Überschrift und Teaser der oben dargestellten Meldung von welt.de lauten:

Flugverkehr

Düsseldorfer Flughafen wegen Schnee gesperrt

Der Düsseldorfer Flughafen hat seinen Betrieb wegen Schneefalls eingestellt, alle Starts und Landungen wurden annulliert. Zugfahren ist auch nur bedingt eine Alternative: In den Niederlanden liegt der Bahnverkehr brach, von Frankreich kommt man per Eurostar ohnehin nicht weiter. Der Tunnel unter dem Ärmelkanal ist noch gesperrt.

(Quelle: welt.de am 20.12.2009)

Google stellt die Meldung wie folgt dar:

Flugverkehr: **Düsseldorfer Flughafen** wegen **Schnee** gesperrt ...
20. Dez. 2009 ... Der **Düsseldorfer Flughafen** hat seinen Betrieb wegen Schneefalls eingestellt, alle Starts und Landungen wurden annulliert.
www.welt.de/.../**Duesseldorfer-Flughafen**-wegen-**Schnee**-gesperrt.html - vor 2 Stunden gefunden -

(Quelle: google.de am 20.12.2009)

Was Google in den Suchergebnissen abbildet

Titel: für die Klickrate des Suchergebnisses sehr wichtig; etwa 60 Zeichen werden davon als Überschrift eines Suchergebnisses in einer Suchergebnis-Übersicht angezeigt (danach wird die Zeile nach ganzem Wort abgeschnitten).

Ausschnitt aus dem HTML-Quellcode: kurzer Text (ca. 160 Zeichen, SMS-Länge), wird von Google automatisch mit Text der Zielseite bestückt, wenn ausreichend Text vorhanden ist, Google zieht dafür offenbar meistens die Meta-»Description« heran.

URL/Website: Adresse der Website wird in grüner Schrift angezeigt, sie spielt als Erkennungsmarke für Nutzer eine Rolle – vertrauenswürdige Marken profitieren davon.

Checkliste

Schlagworte auswählen

Was die Suchmaschine »braucht«:

1. maximal sieben bis zehn, am besten vier bis sechs Wörter,
2. nicht zu allgemeine Begriffe (Sport, Wissen etc.),
3. gerne Fremdwörter, aber nichts, wonach niemand sucht.
4. Ein Problem: Die Maschine unterscheidet manchmal nicht zwischen der langen und kurzen Version eines Wortes (Podcast und Podcasting).

Was die Redaktion »braucht«:

1. Schlagworte sind wichtig fürs Archiv (auf gleiche Schreibweise achten),
2. zu allgemeine Zuordnung bringt auch intern nichts (Fußball, WM),
3. evtl. Material für »Themenwolke« (»Tag Clouds«).

Der Weg zum richtigen Schlagwort

1. Welche Orte sind relevant?
2. Welche Menschen handeln?
3. Was ist das Subjekt des Artikels?
4. In welche Themenkategorie gehört der Text?
5. Was würde man selbst eingeben in die Suchmaschine, wenn man das Thema sucht?

Weitere Faktoren für schnelle Auffindbarkeit sind:

- Häufigkeit der Aktualisierung,
- Geschwindigkeit des Wachstums der Seitenzahl,
- Zugriffsgeschwindigkeit und -zuverlässigkeit,
- was vorne, oben (und groß) ist, ist wichtig,

- Anzahl der Links auf der Seite,
- Barrierefreiheit (title/alt-Text für Bilder und Links),
- sinnvolle Bildunterschriften für alle Bilder,
- sinnvolle Benennung der Bilderdateien,
- saubere (W3C-konforme) HTML-Seitenstruktur, z. B. Überschriften (H1, H2). Neben den vom Browser angezeigten Inhalten einer Webseite enthält HTML zusätzliche Angaben in Form von Metainformationen, die z. B. über die im Text verwendete Sprache oder den Autor Auskunft geben oder den Inhalt des Textes zusammenfassen. Die Auszeichnungssprache wird vom World Wide Web Consortium (W3C) weiterentwickelt.

Auch gut zu wissen, wenn es um strategisches Publizieren für Suchmaschinen geht:
- Selbst verfasste Inhalte sind wertvoll und gut.
- Google erkennt Textdubletten im WWW (Pressemitteilungen, »Copy and Paste« aus Agenturen).
- Journalistisches Denken und für Suchmaschinen optimiertes Schreiben können Hand in Hand gehen (siehe vorherige zwei Faktoren sowie: auf den Punkt schreiben, klare Orientierung, Schlüsselbegriffe früh und prominent nennen).
- Links zu relevanten Texten in anderen Texten sind nützlich.
- Links bei »Social Bookmarking«-Diensten sollten gesetzt (siehe Defintion) und die Verlinkung zu sozialen Netzwerken erleichtert werden.
- Links auf Blogs fördern die Wahrnehmung der Website (»Pingback« ist eine Methode, die es Webautoren erlaubt, eine Benachrichtigung anzufordern, sobald jemand ihre Dokumente oder Seiten verlinkt).
- Kooperationen mit anderen Websites führen ebenfalls zu mehr »Traffic«

Definition

Social Bookmarking

Übersetzt würde der Begriff in etwa »sozial Lesezeichen setzen« bedeuten. Das Prinzip des Social Bookmarkings besteht darin, seine Lesezeichen mit allen anderen zu teilen, die sich dafür interessieren. Die Links werden nach der kostenlosen persönlichen Registrierung auf der Website des Anbieters angelegt und sind unter dem Accountnamen zu finden (z. B.: http://delicious.com/cmatzen). Durch Schlagworte erhält man bei einer Suche nicht nur die eigenen Lesezeichen zu diesem Thema, sondern auch die anderer User von http://delicious.com, http://digg.com, www.stumbleupon.com, www.mister-wong.de.

Texteinstiege

Der Teaser und der Bericht sollten mit einem »warmen W« beginnen, nicht mit einem »kalten«. Warm meint: etwas, das nahegeht, das betroffen macht, ärgert, aufregt oder freut. Das kann mal das Wer, mal das Wann oder mal das Wo sein.

Beispiele

Die interessanteste, die wärmste W-Frage kann eine hohe Zahl sein:
»Mehr als 8.000 Passagiere haben ungewollt die Nacht am Frankfurter Flughafen verbracht.«

Oder es ist das »Wie«, die Beschreibung der Situation:
»Die Einsatzkräfte waren machtlos: Wegen Schnee und Eis ist der Frankfurter Flughafen über Nacht komplett geschlossen worden.«

Es kann das »Wo« sein:
»In ungeheizten Flugzeugen auf der Landebahn haben 200 Passagiere die Nacht verbringen müssen.«

Ein zu langer Satz am Anfang bremst den Einstieg: Der Leser will informiert werden und gerade im Internet schnell erfassen, was passiert ist.

Beispiele

Zu lang ist der folgende Einstiegssatz:
»Ein Bewaffneter hat am Freitagabend Angestellte des Kaufhauses Jumbo-Markt in der Römerstraße nach Verlassen ihres Arbeitsplatzes um ca. 19:15 Uhr überfallen und zur Rückkehr zu ihren Arbeitskollegen gezwungen.«

Rekordverdächtig lang ist:
»Am Freitagabend, kurz nach Ladenschluss, erlebten die fünf Angestellten des Jumbo-Marktes in Neuß eine böse Überraschung, als Sie auf das Klingeln reagierten und vor der Tür ihre zwei Kollegen vorfanden, die von einem maskierten Verbrecher mit einem Revolver bedroht wurden.«
Da geht einem beim Lesen fast die Puste aus.

Auch zu kompliziert für einen Anfang:
»Am Freitagabend wurden Angestellte des Jumbo-Marktes Neuß von einem Mann mit einem Revolver bedroht und gezwungen, Geld herauszugeben.«

Oft ist ein nicht überfrachteter und deshalb auf Anhieb verständlicher Hauptsatz mit einer klaren Schwerpunktsetzung auf ein W der perfekte Einstieg in einen Teaser oder einen Bericht:

Beispiel

»Nach sieben Stunden hat die Polizei in Neuß eine Geiselnahme im Jumbo-Markt beendet. Es wurde niemand schwer verletzt.«

Merke

Gerade der erste Satz sollte wie eine Fanfare klingen und das Ereignis präsentieren.

Nebensätze eignen sich nur selten als Einstieg, weil Hauptsachen in Hauptsätzen und Nebensachen in Nebensätzen stehen.

Ein Nebensatz als Texteinstieg ist zudem oft zu umständlich, da die deutsche Grammatik das Sinn gebende Verb an das Ende zwingt. Dies ist auch die generelle gute Begründung dafür, Nebensätze nicht zu lang zu machen, da die Leser oder Zuhörer dann zu lange auf die inhaltliche Aussage warten müssen.

Beispiel

»Das Bundesverfassungsgericht entschied, dass durch diese Regelung vorgenommene Kürzung der Kinderbetreuungskosten um einen zumutbaren Betrag verfassungswidrig sei.«
Beim Zuhören und beim Lesen dauert es zu lange, bis man weiß, ob am Ende noch das entscheidende Wort »nicht« kommt.

Weitere Möglichkeiten, einen Text zu beginnen

Mit *Zitat* (wenn es ein aussagekräftiges und für den Text zentrales Zitat ist):

- »Die Geiseln von Mogadischu sind frei.« Mit diesen Worten begann …
- »Seid keusch und treibt keine Unzucht« – diese Devise vertritt …

Aufmerksammacher (Vorsetzer):

- Das gab es noch nie in der Bundesliga: …
- Tödlicher Streit zwischen zwei Brüdern: …
- Die Entscheidung ist gefallen: …

Interessante Formulierung zu Beginn:

- Das Bündnis für Arbeit ist tot, es lebe das Bündnis für Arbeit: …
- Wer glaubt ist selig, heißt es so schön, doch vielleicht ist er auch nur dumm: …

»Anonymer« Einstieg:

- Er ist ein Star, werdender Vater und konsequent untreu: XY hat …
- Er ist einer der dienstältesten Manager der Bundesrepublik, vielleicht auch einer der korruptesten. XY wurde durch seine …

Einordnender Satz, der die Relevanz des Themas deutlich macht:

- Seit Langem streiten sich die USA und die EU über Hilfen für die Luftfahrtindustrie. Jetzt …
- Der Wandel der Arbeitswelt beschäftigt die Soziologen gerade in den letzten beiden Jahrzehnten. XY hat nun gefordert …

Bei all diesen Varianten sollte die Redaktion darauf achten, dass keine sich zu oft auf der Homepage wiederholt. Das gilt vor allem für die Vorsetzer.

Appell-Teaser/direkte Anrede:
- Das war 2008: Stimmen Sie ab, welche Themen Ihnen wichtig waren!
- Karte: Schaut nach, wo Indonesien genau liegt.
- Jahr der Mathematik: Testen Sie Ihr Wissen!

Textaufbau

Der Textaufbau im Internet hängt eng zusammen mit dem redaktionellen Arbeiten mit Modulen. Sowohl der aktuelle Bericht lässt sich in kürzere Texte aufteilen, die miteinander verlinkt werden, als auch die Vorgeschichte eines Ereignisses oder zusätzliche inhaltliche Ergänzungen können als Extraelemente über Hypertext mit dem Haupttext verknüpft werden. Trotzdem sollte dieser nach allen Regeln des journalistischen Handwerks geschrieben sein.

Falls Autoren nach den Erkenntnissen der Nielsen- und Poynter-Studien vorgehen, sollten die ersten beiden Absätze alles Wesentliche enthalten. Diese Passagen werden die User wahrscheinlich lesen.

Wenn sie weiterlesen, ist es natürlich umso besser. Dafür ist es gut, in kurzen Spannungsbögen zu schreiben, um das Interesse der Leser wach zu halten. Auch ein gut sortierter Inhalt freut besonders die flüchtig lesenden User: Was zusammengehört, sollte zusammenstehen. Die Regel bedeutet: Ein Absatz – ein Gedanke.

Jeder Absatzbeginn ist ein neuer Texteinstieg, der die Leser in den Bericht weiter hineinziehen sollte.

Tipp

Jakob Nielsen rät:
»Beginne Zwischenzeilen, Absätze, Aufzählungen mit Wörtern, die wichtige Informationen transportieren. Diese sehen die User, wenn sie die linke Seite des Inhalts überfliegen – entlang der F-Form. Sie lesen das dritte Wort in der Zeile weit seltener als die ersten beiden Wörter.«

(Quelle: F-Shaped Pattern for Reading Web Content, Jakob Nielsen's Alertbox, am 17.04.2006, URL: http://is.gd/5DogO)

Der Textfluss ist entscheidend

Mit etwas Sprachgefühl kann man den User sicher durch den Text führen:

- Welcher Logik folgt mein Text? Möglichkeiten sind: Chronologie, das Wichtigste nach vorne, Figur führt durch den Text, logische Szenenwechsel etc.
- Mit Konjunktionen/Bindewörtern die Leser an die Hand nehmen: Gegensätze verdeutlichen mit aber, dagegen, obwohl; Begründungen liefern mit denn, nämlich; Kausalität liefern mit weil, da; zeitliche Folge schildern mit dann, nachdem; Ergänzungen anfügen mit auch, wie, sowie, außerdem, zudem, überdies, ferner; Aussagen einschränken mit allerdings, obwohl.
- Aufgreifen eines Motivs aus dem vorherigen Absatz, z. B.: » … hatte einen langen Weg hinter sich« – neuer Absatz: »Niemals vom Fleck rührt sich dagegen … «
- Den Doppelpunkt klug einsetzen: Er leitet die direkte Rede ein, entschachtelt Schachtelsätze, signalisiert, dass der zweite Satzteil Begründung oder Folge des ersten Teils ist.

Beispiel

Schachtelsatz

»In dem mit großer Mehrheit gebilligten Abschnitt der Wahlplattform über die innere Sicherheit wird die Verhinderung von Verbrechen durch die Reform der Verhältnisse, in denen Kriminalität ihren Nährboden findet, als oberstes Ziel genannt.«

Beispiel

»Entschachtelter« Satz

»Im Abschnitt ›Innere Sicherheit‹ nennt die Wahlplattform als oberstes Ziel: Verbrechen verhindern durch Reform der Verhältnisse, in denen Kriminalität gedeiht. Der Abschnitt wurde mit großer Mehrheit gebilligt.«

Textgliederung:

- Am Anfang sagen, was kommt (die wichtigsten Ws bei der Nachricht, die szenische Einführung in das Thema bei Reportage und Feature),
- spätestens im dritten Satz das Besondere, das Einmalige, das wirklich Neue hervorheben,
- Kernaussage als roten Faden verfolgen, nie aus den Augen verlieren.

Textrhythmus beachten:

- Haupt- und Nebensätze verwenden,
- kurze und längere Sätze verwenden,
- kurze und lange Wörter verwenden,
- keine Schachtelsätze verwenden.

!

Für gute Texte im Netz gilt das EVA-Prinzip

- **E**rwartungen erfüllen: Klicks ins Leere frustrieren: Die User bekommen nicht das, was ihnen angekündigt wurde und verlieren die Freude an dem Angebot. Sie sollten bekommen, was ihnen Überschrift, Teaser und Textanfang versprochen haben.
- **V**erständlichkeit entscheidet vom ersten Wort an über die Verweildauer und das Wiederkommen.
- **A**ktualität ist ein entscheidendes Kriterium: Diese muss kenntlich gemacht werden durch die Zeitform der Verben, Aktualisierung von Teaser und Text (nicht einfach Neues unten an das Ende des Textes hängen) und das Anzeigen von Datum und Uhrzeit der letzten »echten« Aktualisierung. Der Zeitstempel sollte sich nach dem Korrigieren eines Tippfehlers nicht erneuern.

Merke

Ein gut gemeinter Rat: »Lesen Sie das mal laut!« Zwar liest eine innere Stimme immer die Texte beim Schreiben mit, aber erst beim Sprechen und Hören wird erkennbar, ob der Text Melodie und Rhythmus hat.

Empfehlenswerte Literatur zum Schreiben journalistischer Texte, nicht speziell aufs Internet bezogen:

Auch für Schreibprofis gibt es einige Aha-Momente in den Büchern von Jürg Häusermann: Journalistisches Texten. Konstanz, 2. Auflage 2005. Und: Schreiben. Konstanz 2008.

Grundlegend und spannend: Inghard Langer/Friedemann Schulz von Thun/Reinhard Tausch: Sich verständlich ausdrücken. München, 7., überarb. und erw. Auflage 2002.

Literatur

Immer wieder gut zum Auffrischen der eigenen Deutschkenntnisse: Wolf Schneider: Deutsch für Profis. Wege zu gutem Stil. München, 1999 – und andere ähnliche Titel von Wolf Schneider.

Wunderbar rechthaberisch, pointiert und witzig: Bastian Sick: Der Dativ ist dem Genitiv sein Tod, Band 1 bis 4. Köln 2004 ff.

Sehr informativ und erstaunlich unterhaltsam: Der Newsletter der Duden-Redaktion: www.duden.de/newsletter.

Inhaltlich und grafisch texten

Im Internet ist es immens wichtig, Texte übersichtlich zu gestalten, um sie leichter lesbar zu machen. Dabei helfen:

- kurze Absätze,
- intelligente Zwischenüberschriften,
- passende Platzierung von Fotos,
- eindeutige Kennzeichnung von weiteren Elementen im Text wie Text- und Zitatboxen, Infokästen, Themenübersichten,
- statt des Aufzählungsknäuels die Tabelle oder Auflistung mit Spiegelstrichen oder anderen Gliederungspunkten.

Mehr Absätze!

Kürzere Absätze sind laut Nielsen- und Poynter-Eyetrack-Studien leichter lesbar. Das Auge kann sich besser orientieren. Sie empfehlen ein bis zwei Sätze pro Absatz.

Dies ist für unsere Lesegewohnheiten so ungewöhnlich, dass es für deutsche Onlinemedien eine zu extreme Empfehlung wäre. Doch der eine oder andere kurze Absatz würde deutschen Onlineberichten sicher nicht schaden.

Beispiel

Auf US-amerikanischen und britischen Sites ist dieses Layout üblich:

Opposition sources in Iran say that at least eight protesters have been killed in violent clashes between anti-government crowds and police.

The nephew of former presidential candidate Mir Hossein Mousavi was among four killed in Tehran, while the others died in the northern city of Tabriz.

Security forces reportedly opened fire in Tehran after losing control.

It is almost certainly the worst loss of life in protests since the disputed presidential election in June.

Opposition parties had urged people to take to the streets as the Shia Muslim festival of Ashura reached a climax.

People were chanting "Khamenei will be toppled", opposition sources said, a reference to Iran's Supreme Leader.

(Quelle: bbc.co.uk, Iran protester killed, URL: http://is.gd/5DnBI am 27.12.2009)

Tipp

Zahlen nie mit Leerzeichen schreiben, um Zeilenumbrüche mitten in der Zahl zu vermeiden.

Zwischenüberschriften sollten …

… nicht über jedem Absatz stehen, sondern am besten dort, wo ein neuer Aspekt aufgegriffen wird,

… nicht die Aussagen aus Überschrift, Teaser und Bildunterschrift wiederholen, die die Leser vermutlich bereits kennen,

… genauso sorgfältig getextet werden wie Hauptüberschriften, vor allem sollten Zitate als solche kenntlich gemacht werden, also keine Aussagen von anderen im Indikativ wiedergeben,

… möglichst nicht eins zu eins Formulierungen aus dem Text enthalten, sondern neue Worte.

Textlängen

Der amerikanische Journalist Joshua Quittner schrieb 1995 im Magazin WIRED: »Tell me a dramatic story in, say, 250 words – a screenful of text.«

Literatur

Eine wirklich lohnende und unglaublich vorausschauende Lektüre:

Joshua Quittner: Intelligent Agent – »The Birth of Way New Journalism«, in: HotWired, Oktober 1995 (abrufbar unter: http://is.gd/5DjMj).

Eine Geschichte lässt sich auch in sechs Worten erzählen, wie in den Six-Word-Stories auf wired.com:

Beispiele

Eileen Gunn:
»Computer, did we bring batteries? Computer?«

Vernor Vinge:
»Epitaph: Foolish Humans, never escaped Earth.«

Kevin Smith:
»Kirby had never eaten toes before.«

Margaret Atwood:
»Longed for him. Got him. Shit.«

Der Klassiker von Hemingway:
»For sale: baby shoes, never worn«

(Quelle: http://is.gd/5Dkrw)

Es gibt keine optimale Länge für Onlinetexte. Eine Richtgröße könnte sein: höchstens 3.000 oder 4.000 Zeichen. Aber auch

Texte mit 6.000 Zeichen und mehr sind keine Seltenheit im Netz. Jede Redaktion muss diesen Wert für sich festlegen.

Scrollen wird immer selbstverständlicher. Die User benutzen die Maus automatisch oder haben den Finger am Touchpad. Interessant ist, dass Jakob Nielsen im Laufe seiner Forschungen im Nutzerverhalten starke Veränderungen festgestellt hat:

Das Prinzip für Textlängen: Kurzes anbieten, aber Kompliziertes braucht Raum.

Während zu Beginn seiner Studien 1994 nur zehn Prozent der Kandidaten auf einer Website scrollten, um zu sehen, was auf der ersten Seite nicht sichtbar war, tat dies in den aktuellen Studien fast jeder User.

Manchmal bietet es sich an, einen Mehrteiler aus dem Text zu machen. Die weiteren Teile werden jedoch ungern geklickt. Sie sollten mit Cliffhangern am Ende des Teils davor »verkauft« werden.

Auf jeden Fall sollte sich der bearbeitende Redakteur immer fragen: Gibt es Möglichkeiten, die Inhalte mit anderen Darstellungsformen als reinem Text darzustellen? Lässt sich der Text in Module splitten?

Mit Modulen arbeiten

Themen bzw. Texte mit vielen Aspekten sollten in Module – verwandte bzw. weitere Meldungen – aufgeteilt werden. Es ist z. B. nicht notwendig, die Vorgeschichte einer Nachricht erneut in aller Ausführlichkeit darzustellen. Während in linearen Medien – sowohl gedruckten Medien als auch gesendeten – Wiederholungen oder ein erneuter Abdruck innerhalb kurzer Zeit peinlich wären, ist es im Internet kein Problem und manchmal ein Muss, Texte erneut zu verlinken. Sie müssen selbstverständlich immer darauf geprüft werden, ob sie überarbeitet werden sollten.

Verwandte bzw. weitere Meldungen

Diese Texte sind mit dem Hauptbericht inhaltlich verwandt oder ergänzen das Thema, brauchen jeweils einen eigenen Informationsschwerpunkt, müssen jeweils für sich allein stehen können, brauchen eine Mindestlänge, denn wer klickt, will belohnt werden – nicht mit nur zehn Zeilen.

Die »idealen Verwandten« sind:
- die Vorgeschichte,
- historische Rückblenden,
- Biografien,
- parallele Ereignisse,
- Details wie Zahlen, beteiligte Personen, Ländervergleich etc.,
- Reaktionen,
- Umfrageergebnisse,
- interaktive Elemente,
- frühere Berichterstattung (Archiv),
- Kommentare,
- Stichworte,
- Chronologien.

Weitere Angebote zum Thema sollten mit einem Blick erfassbar sein – durchaus auch mit doppelter oder dreifacher Navi-

Merke

Auch hier gilt das Prinzip: die journalistischen Perlen zeigen, die die Redaktion vorzuweisen hat.

gation, also neben dem Text, unter dem Text und hervorgehoben im Text.

Besonders wichtig und mittlerweile Standard bei professionellen journalistischen Angeboten im Netz sind die »Teaser im Teaser«: Auf der Homepage stehen direkt unter dem Teaser die aktuellsten und wichtigsten weiteren Meldungen zum Thema sowie spezielle Angebote wie Themendossiers, Audios oder Videos.

Prominente Platzierung: Teaser im Teaser

Lammert kritisiert Steuerpläne der Regierung

Standpauke vom Bundestagspräsidenten

"Schlicht misslungen", "nicht vertretbar", "zweifelhaft" - mit deutlichen Worten hat Bundestagspräsident Lammert Teile des Steuersenkungspakets der Bundesregierung kritisiert. Ein gemeinsames Projekt der Regierung sei nicht zu erkennen, sagte der CDU-Politiker in einem Interview. [mehr]

- Lammert-Interview im Deutschlandfunk
- Bundesrat stimmt für Wachstums-Gesetz (17.12.2009)
- Fragen und Antworten: Was ist das Wachstumsbeschleunigungsgesetz?
- Lammerts Standpauke und der Streit um Steuern [B. Wentzien, ARD Berlin]

(Quelle: tagesschau.de am 28.12.2009)

Beispiele

Alarm an Bord

Northwest-Flug nach Detroit fordert Hilfe an

Dieselbe Fluggesellschaft, dieselbe Flugnummer: Northwest-Airlines-Flug 253 auf dem Weg von Amsterdam nach Detroit hat am Sonntag einen Hilferuf abgesetzt. Ein Nigerianer hatte sich auf einer Bordtoilette eingeschlossen - der Mann wurde nach der Landung festgenommen und durchsucht. mehr...
[Forum]

- Passagier gegen Bombenleger: Niederländer feiern ihren Helden von Detroit
- Gescheiterter Terrorbomber: Mit einem Lächeln zur Anklageverlesung
- Anschlag auf Jet: USA-Reisende müssen mit längeren Wartezeiten rechnen
- Anschlag auf US-Flugzeug: US-Ermittler prüfen Qaida-Verbindung
- Verdächtiges Gepäck: Lufthansa-Flugzeug muss in Island zwischenlanden

(Quelle: spiegel.de am 28.12.2009)

Die strikte Auswahl ist eine wichtige redaktionelle Aufgabe: Eine nicht mehr auf einen Blick überschaubare Masse an Angeboten würde die User eher in der schnellen Orientierungsphase auf der Seite irritieren.

Auch Textboxen sind Module, die der Strukturierung des Inhalts dienen:

Inhalte der Textboxen können sein:

- Angaben zur Person (Autor, Interviewpartner, im Text erwähnte wichtige Personen),
- Stichwort/Definition,
- interessantes Zitat – es muss auch im Text auftauchen, damit es in den Zusammenhang eingeordnet werden kann,
- Hinweise auf weitere eigene Angebote (aktuell und aus dem Archiv) – in Form von Schlagzeilen-Teasern oder mit einem Extra-Teaser für dieses Angebot in der Box,

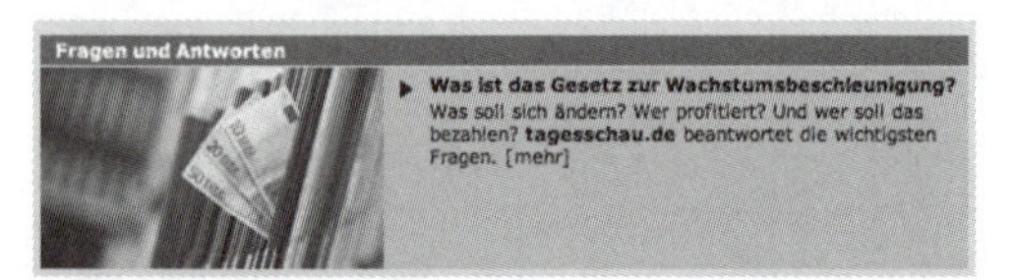

(Quelle: tagesschau.de am 28.12.2009)

- Hinweis auf ein PDF zum Herunterladen mit eigenem Teaser zum Inhalt der Datei,
- Links zu anderen Angeboten und/oder kommentierte Linklisten,
- kurzer Text zu Karte oder Grafik, die nach dem Anklicken größer werden,
- Einbindung von Web-2.0-Inhalten (siehe Kapitel 5),
- Verknüpfung zum Social Web,

(Quelle: salon.com am 28.12.2009; die erste von vier solcher Übersichten)

- Tagcloud/Schlagwortwolke.

Tagcloud dieses Buches bis zu dieser Stelle (Quelle: wordle.net)

Definition

Tagcloud (Schlagwortwolke)

Eine Tagcloud, Schlagwortmatrix oder Stichwortwolke ermöglicht es, eine Liste von Schlagwörtern zu visualisieren. Die Wörter stehen nicht untereinander, sondern sind auf einer Fläche angeordnet. Sie können durch die Größe unterschiedlich gewichtet werden. Kriterien dafür können sein, wie oft das Schlagwort von der Redaktion vergeben wurde, wie häufig es bei der Suche eingegeben wurde oder welches Gewicht die Redaktion dem Schlagwort geben will, damit es hervorsticht. Die meisten Nutzer wissen laut Userstudien nichts mit Tagclouds anzufangen. Trotzdem sind sie immer noch weit verbreitet; sogar die meisten Blogprogramme bieten die Navigation über die Wolke an. Wer seine eigene Schlagwortwolke zu einem beliebigen Text erstellen möchte, kann das auf wordle.net tun – sehr hübsch!

Klug verlinken

Die Frage, ob Links im Text sinnvoll sind oder nicht, ist mindestens so alt wie der Onlinejournalismus. Da aber Hypertext eines der Grundprinzipien des Publizierens im Netz ist, sollten seine Möglichkeiten genutzt werden. Der Usability-Experte Jakob Nielsen sieht die andersfarbigen Links als eine Möglichkeit, Textstellen visuell hervorzuheben, so dass sie von den Besuchern der Site beim Überfliegen registriert werden.

Auf externe Angebote zu verlinken kann einerseits sowohl ein Zeichen von Souveränität sein als auch von Expertise: Die Redaktion signalisiert, dass sie keine Bedenken hat, die User an andere zu verlieren, und dass sie weiß, was empfehlenswert ist. Andererseits ist das Risiko hoch, dass die Inhalte hinter dem gesetzten Link ausgetauscht werden oder dass von der verlinkten Seite mit nur ein oder zwei weiteren Klicks Seiten erreicht werden können, von denen die Redaktion sich lieber distanzieren möchte. Das ist bei einem umfangreichen Angebot kaum noch prüfbar.

Auch der direkte Link von einem journalistischen Portal zu Artikeln auf Wikipedia ist fragwürdig, da die Artikel jederzeit veränderbar sind, ohne dass die Redaktion es bemerkt, und Wikipedia selbstverständlich als PR-Instrument von Unternehmen und Organisationen genutzt wird. Jede gute Abteilung oder Agentur für Öffentlichkeitsarbeit, aber auch jeder überzeugte Streiter für eine Sache schreibt Veröffentlichungen zum Thema in die Artikel oder setzt geschickt entsprechende Links.

Checkliste

Setzen von Links

- Wörter, die mit einem Link hinterlegt sind, müssen klug ausgewählt werden.
- Keine ganzen Sätze zum Hyperlink machen!
- Alle Navigationspunkte müssen selbsterklärend sein.
- Keine Unterstreichungen im Text – die sind den Links vorbehalten.

Die eindeutige Beschriftung und Kennzeichnung von Links, Videos, weiteren Meldungen etc. ist so wichtig, weil die User nie in die Irre geführt werden dürfen.

Linktitel und -texte sind Miniteaser. Sie müssen viele Fragen beantworten: Geht es auf eine Website oder ist es ein »Deep Link« auf eine Unterseite oder direkt auf ein Dokument? In welcher Sprache? Mit Flash? PDF-Dateien sollten mit Angabe der Dateigröße angehängt werden.

Bei Videos und Audios muss der Linktext den Inhalt eindeutig benennen, immer Länge und Format angeben und gegebenenfalls den Hinweis auf eine andere Sprache geben. Bei Bilderstrecken muss die Anzahl der Bilder genannt werden.

Bildunterschriften

Auch wenn das Internet noch in erster Linie ein Lesemedium ist, sind Fotos wichtige Elemente – als Eyecatcher, Hingucker und zusätzliche Informationsträger sind sie unerlässlich. Ein großes oder interessantes Foto lenkt den Blick auf die dazugehörigen Inhalte. Steht ein Bild über der ganzen Spaltenbreite auf der Homepage, wissen die User, dass es sich um ein wichtiges, vermutlich das Aufmacherthema handelt.

Definition

Banner

Eigentlich bezeichnet der Begriff Banner breite Fahnen mit Wappen oder anderen symbolischen Zeichen von Organisationen, ursprünglich im Mittelalter von Fürsten, Landesherren und ihrem Gefolge. Benutzt wird er außerdem für Werbegrafiken auf Internetseiten. Auch im redaktionellen Teil heißen breite Bilder häufig Banner. Es sind entweder aktuelle Fotos zum Ereignis oder Montagen.

Oft haben Fotos, die auf der Homepage neben dem Teaser stehen, keine Bildunterschrift. Das Foto sollte dann im Text wieder auftauchen und mit dem entsprechenden Text versehen werden. Besonders für diese Teaserfotos gilt, dass das Motiv nicht zu kleinteilig, jedoch kontrastreich sein sollte. Bei den Poynter-Eyetrack-Studien fixierten die Probanden besonders

Merke

Jedes Foto braucht eine Bildunterschrift. Jedes! Denn Bilder geben viel Spielraum zur Interpretation.

stark Gesichter und sie gingen davon aus, dass Bilder anklickbar sind.

Eine bewährte Methode, Bildunterschriften zu formulieren, ist: im ersten Teil auf das Motiv eingehen, im zweiten Teil einen anregenden Zusatz hinzufügen.

Was leistet die Bildunterschrift?

Die Bildunterschrift (BU) sollte mehr als die reine Bildbeschreibung sein (»Eine Frau geht durch die Ausstellung« oder »Zwei Hunde springen über den Zaun«). Auch unter Porträtfotos sollte mehr als nur der Name der Person stehen. Bei Fotos von Personen werden häufig Zitate oder paraphrasierte Äußerungen in die Bildunterschrift gesetzt.

Die BU sollte zwar nicht lediglich eine Beschreibung sein, jedoch muss sie alle relevanten Personen oder Gruppen benennen, die auf dem Bild zu sehen sind. Beispiel: Merkel vor Knabenchor – welchem?

Die BU nennt Fakten zu dem Motiv, die das Bild nicht geben kann. Sie kann sogar Zusatzinformationen beinhalten, die der Text nicht liefert.

Definition

Barrierefreiheit

Barrierefrei sind Internetangebote, die von allen Usern unabhängig von körperlichen oder technischen Möglichkeiten uneingeschränkt genutzt werden können. Bilder – oder Text, der in Bildern enthalten ist – sind für Blinde unzugänglich und sollten, durch einen erklärenden alternativen oder durch gesprochenen Text ergänzt werden. Diese Texte sind rein beschreibend. Informationen zur Barrierefreiheit im Internet unter: www.barrierefreies-webdesign.de und auf Englisch unter: http://is.gd/6ZW6f.

Bei sogenannten Mottobildern – also Fotos, die nicht direkt zum beschriebenen Ereignis gehören – muss die BU sowohl das Bildmotiv aufgreifen als auch eine Verknüpfung zum Textinhalt herstellen.

Die Bildunterschrift sollte Brücke zum Text sein, denn:

- Die BU wird häufig gelesen, bevor die Nutzer in den Text einsteigen; sie sollte deshalb nicht im Wortlaut die Überschrift, Zwischenüberschriften oder Passagen aus dem Teaser beinhalten.
- Sie sollte Leseanreiz für Quereinsteiger in den Text sein.
- Sie muss den Tonfall des Textes treffen und darf nicht witzig sein, wenn der Text sachlich ist.

Was unter dem Bild nicht fehlen darf

Montagen müssen als solche kenntlich gemacht werden. Angaben zum Fotografen oder zur Fotoagentur gehören in den Bildhinweis. Auch ein Vermerk, dass es sich um ältere Aufnahmen handelt, kann notwendig sein (»Archivaufnahme vom …«). Besondere Situationen – wie z. B. während der Proteste gegen die Wiederwahl des iranischen Präsidenten Ahmadinedschad im Sommer 2009 – können es erfordern, auf die Entstehungssituation der Fotos aufmerksam zu machen:

Bilder aus dem Iran

Eine freie Berichterstattung über die Oppositionsdemonstrationen aus dem Iran ist zurzeit nicht möglich. Fotografen und Kamerateams ausländischer Medien dürfen beispielsweise keine Aufnahmen von den Protesten machen. Trotzdem gelangen dank diverser Internetplattformen wie Twitpic und YouTube Bilder

Beispiel

nach draußen. Dadurch wächst aber auch die Gefahr, dass manipulierte Aufnahmen verbreitet werden. Nachrichtenagenturen, tagesschau.de und ARD-aktuell überprüfen die Bilder auf technischem und inhaltlichem Wege nach bestem Wissen und Gewissen, um keinen Manipulationen aufzusitzen.

(Quelle: tageschau.de, Wut über den Tod des »Engels des Iran« am 23.06.2009)

Ansonsten gelten die presserechtlichen Bestimmungen für die Veröffentlichung von Fotos und Bewegtbildern. Im Internet ist besondere Vorsicht geboten, weil die Bilder und Bildunterschriften im Netz so lange wieder auffindbar sind, bis sie auf allen verknüpften Ebenen gelöscht worden sind. Das kann sehr aufwändig sein. Es ist also zwingend notwendig, nicht verurteilte Angeklagte als mutmaßliche Täter zu bezeichnen und sie auf den Bildern unkenntlich zu machen.

Literatur

Ausführlich befasst sich Frank Fechner in seinem Buch »Medienrecht« mit rechtlichen Bestimmungen für Internetpublikationen.

Gesetzestexte zum Urheberrecht gibt es unter www.presserecht.de.

Einen sehr guten Überblick zu Urheberrecht in der digitalen Welt bietet die Internetseite www.irights.info. Informationen speziell zu Fotos: www.irights.info/index.php?id=343.

In Bilderstrecken (Slideshows) …

- … können die BUs kurz sein und nur eine oder zwei wichtige Sachverhalte klären,

- … können die BUs länger sein und passende Versatzstücke des Ereignisses/des Themas erzählen,
- … können die BUs wie kleine Kapitel oder Absätze des Berichts verwendet werden und die ganze Geschichte erzählen.

Die Bildunterschriften in einer Bilderstrecke sollten sich inhaltlich zwar nicht wiederholen, aber jeweils allein stehend verständlich sein.

Drei Pünktchen am Ende einer BU können durchaus einmal verwendet werden, um anzudeuten, dass es unter dem nächsten Bild (nach dem nächsten Klick) weitergeht, aber bei mehrfachem Einsatz in einer Strecke ist das ermüdend, durchschaubar und ärgerlich.

Tipp

Eine Bildunterschrift muss nicht unbedingt *unter* den Bildern stehen. Grafisch sehr ansprechend ist z.B. das Layout der Bilderstrecken auf nytimes.com. Dort stehen die Texte groß und prominent rechts neben den Fotos. Hier z.B. ein Nachruf »The Life of Oral Roberts«, zu finden unter: http://is.gd/5FrtN. (in der Darstellung über die Browser »Safari« und »Firefox«, über »Explorer« häufig auch unter dem Bild)
Bildunterschriften in Slideshows mit Ton sind Thema im nächsten Kapitel.

5 Darstellungsformen im Netz

Ein-, zwei- oder dreidimensional – das Internet erweitert die Palette der Darstellungsformen immens. Das ist logisch, da alle Medien genutzt und miteinander kombiniert werden können. Hinzu kommt, dass aktuelles und Archivmaterial verwendet werden können. »Alte« Fotos und Videos können digitalisiert und im Netz gezeigt werden. Wenn Bildjournalisten nicht meistens miserabel bezahlt würden, könnte man von einer Renaissance der Fotografie durch das Internet sprechen: Geschichten in Bildern zu erzählen, ist kein Platzproblem mehr. Außerdem ist die Software für Bilderstrecken leicht bedienbar. Es macht sogar Spaß.

Tipp

Ausprobieren lohnt sich: Auf www.soundslides.com gibt es eine kostenlose Testversion der Bilderstrecken-Software. Slideshows mit oder ohne Ton lassen sich damit leicht erstellen. Wer die damit produzierten Bilderstrecken offiziell und professionell verwenden will, muss sich eine – nicht allzu teure – Version kaufen, damit nicht mehr das Wort »Demo« zu Beginn auftaucht. Der Entwickler des Programms, Joe Weiss, ist selbst Bildjournalist und Multimediareporter und – falls jemand Fragen zum Programm hat – moderiert selbst das Forum auf www.soundslides.com.

Neben den Onlinedarstellungsformen gibt es selbstverständlich auch im Internet die herkömmliche Unterscheidung in Meinungs- und Tatsachenberichterstattung: also auf der einen Seite Kommentar, Leitartikel, Glosse, Buch- und Filmbesprechung, auf der anderen Seite Nachricht, Bericht, Reportage, Feature, Interview und Porträt. Wie viele Kenntnisse über Programme und Multimedia sich Journalisten auch aneignen: Wer nicht in der Lage ist, eine Geschichte korrekt und ansprechend zu erzählen, wird keine Leser für seinen Content finden.

Darüber hinaus gibt es Formen der Themenaufbereitung, die auch gedruckt funktionieren, aber besonders gut fürs Netz geeignet sind.

Fragen und Antworten

Leser antworten häufig auf die Frage, was sie im Internet machen: »Ich suche da schnell was.« Deshalb ist die Darstellungsform »Fragen und Antworten« so perfekt für journalistische Onlineportale. Komplizierte Sachverhalte lassen sich so bestens erklären und der Text hat eine vorgegebene klare Struktur.

Die Antworten sollten selbstverständlich nicht zu lang sein. Der Text kann auch so dargestellt werden, dass die Antworten erst auftauchen, wenn die User sie anklicken.

Möglich ist auch, die Fragen von den Nutzern einreichen zu lassen. Die Redaktion wählt aus, bündelt und sortiert die Fragen und recherchiert die Antworten.

Beispiele

- Zum Konflikt in Darfur auf bbc.co.uk: http://is.gd/70rcU.
- Zur Schweinegrippe auf tagesschau.de: http://is.gd/70qqj.
- »Das bringt Windows 7« auf ftd.de (FINANCIAL TIMES DEUTSCHLAND): http://is.gd/70q4p.

Pro und Kontra

Sicher auch eine Darstellungsform, die gedruckt bestens funktioniert, aber im Internet können die beiden gegenübergestellten Standpunkte miteinander verlinkt werden. Entweder lassen sich die einzelnen Fragen an Experten mit unterschiedlichen oder gegensätzlichen Positionen einzeln anklicken und die Leser erhalten die entsprechenden Antworten. Oder die befragten Parteien werden jeweils in Gänze dargestellt.

Beispiele

- Zum Thema Grundeinkommen auf wdr.de: http://is.gd/70olT.
- Zur Rückkehr des Rennfahrers Pedro de la Rosa ins Formel-1-Sauber-Team auf motorsport-magazin.de: http://is.gd/70mpl.
- Zur Kritik von Bischöfin Käßmann am Afghanistan-Einsatz auf taz.de: http://is.gd/70nE0.

Merke

Interviews per Mail müssen als solche gekennzeichnet werden, denn sie unterscheiden sich von anderen Interviewformen insofern, dass die Antworten schriftlich gegeben werden. Auch wenn viele Interviews, die nicht live geführt werden, meistens stark bearbeitet und autorisiert werden, gibt es bei E-Mail-Interviews keine direkte Möglichkeit zur Nachfrage und die Sprache entscheidet sich deutlich vom gesprochenen Wort.

Zeitleisten

Ein Zeitstrahl oder eine Bildergalerie lassen sich auch in der Zeitung oder in einem Magazin darstellen, aber online kommt der Charme der Interaktivität dazu. Eine Navigation über eine anklickbare Bilder- oder Zahlenreihe – nach Jahren, Monaten oder Tagen sortiert – oder über einzelne Fotos mit Daten ermöglicht den Usern einen individuellen Zugang zum Thema. Umsetzungsmöglichkeiten gibt es eine Menge:

Beispiele

- *Jahresrückblicke:* z. B. auf nytimes.com: http://is.gd/5GJNi (2009: The Year in Pictures)
- *Geschichte von Institutionen* und Ähnlichem: z. B. auf tagesschau.de: http://is.gd/5GJWa (60 Jahre Grundgesetz).
- *Chroniken*: hier mit Fotos und Videos auf faz.net: http://is.gd/5GKHE (Bundestagswahlen).
- *Vergleich von zwei Lebensläufen*: hier auf washingtpost.com: http://is.gd/5GL3B (Obama und McCain).
- *Hommagen:* z. B. auf zeit.de: http://is.gd/5GK5c (Helmut Schmidt) – erstellt mit Vuvox.

Auch Unternehmens-, Stadt- und Organisationsgeschichte oder Amts- oder Preisträger-Reihen eignen sich als Themen für diese Darstellungsform.

Tipp

Vuvox ist ein vielseitiges Programm, mit dem man hervorragend das multimediale Arbeiten üben kann. Es ist unter www.vuvox.com umsonst erhältlich. Das Programm verleitet allerdings zum linearen Denken und eignet sich deshalb sehr gut (aber nicht nur) für chronologische Darstellungen. Es ist wirklich erstaunlich, welche Gestaltungsmöglichkeiten diese kostenlose Software ermöglicht: Setzen von Links, umfangreiche Farbgestaltung von Text und Hintergründen, Kombination von Fotos und Videos, Freistellen von Bildern etc. Am besten ist es, mit der Option »Collage« zu arbeiten. Für Redaktionen kann aus rechtlichen Gründen wichtig sein, dass die Inhalte auf vuvox.com gehostet werden.

Umfragen

Diese Form wird hier deshalb erwähnt, weil sie so einfach als Möglichkeit der Userbeteiligung umzusetzen ist. Die Frage sollte eindeutig und geschlossen formuliert sein, so dass ein klares »Ja« oder »Nein« möglich ist. Also nicht: »Was halten Sie davon, dass US-Präsident Obama den Friedensnobelpreis erhalten hat?«, sondern »Ist die Verleihung des Friedensnobelpreises an US-Präsident Obama richtig?« Auf keinen Fall sollte die Frage eine Haltung vorgeben, z. B. ganz dumm formuliert: »Teilen Sie die Kritik an der Verleihung des Nobelpreises an US-Präsident Obama?«

Außer »Ja«, »Nein«, »Ich weiß nicht« oder »Das ist mir egal«, gibt es natürlich auch originellere Antworten – wie z. B. auf die Frage »Welche Schreibweise bevorzugen Sie?«: 1. »Ich liebe Dich.«, 2. »Ich liebe Dich nicht.«, 3. »Ich weiß nicht.« oder 4. »Ich vermeide diese Formulierung.«

Auch wenn die Umfrage nicht repräsentativ ist, kann sie – mit genau diesem einschränkenden Hinweis – in der laufenden Berichterstattung erwähnt und auf jeden Fall verlinkt werden.

Quiz und andere Spiele

Spielerische Elemente eignen sich hervorragend zur Wissensvermittlung. Mit einem Memoryspiel kann z. B. ein neues Kabinett (Welches Porträt gehört zu welchem Ministerium?) vorgestellt werden, mit einer interaktiven Anwendung ein gesellschaftlich relevantes Rollenspiel geübt werden (z. B. das Verkaufen von Zeitungen bei der Hamburger Obdachlosenzeitung »Hinz&Kunzt«: http://hinzundkunzt.labor1.de/). Für Wissenschaftsredaktionen beispielhaft sind die Onlinespiele der bbc: http://is.gd/aCLh3, z. B. das Organe-Spiel: http://is.gd/aCzIv.

Definition

»Serious Games«

In ernsten, seriösen Spielen wird auf der Grundlage einer realen (gesellschafts)politischen Situation ein interaktives Szenario entwickelt. Das Welternährungsprogramm der Vereinten Nationen hat das Abenteuerspiel »Food Force« (www.food-force.com/) entwickelt, in der auf einer fiktiven Insel möglichst schnell Hilfsgüter verteilt werden müssen. Auch in »Stop Disasters!« (www.stopdisastersgame.org/en/playgame.html) sollen Menschenleben gerettet werden. Im Auftrag des Flüchtlingskommissariats wurde das Spiel »Last Exit – Flucht« (www.lastexitflucht.org/againstallodds) entwickelt, das ähnlich stark unter die Haut geht wie »Darfur is dying« (www.darfurisdying.com).

Wird ein Quiz mit dem Standardnewsletter oder als Extranewsletter versandt – wie z. B. von zeit.de – kann es zusätzliche User auf die Seite ziehen. Selbstverständlich sollten die Themen mit dem aktuellen Programm zu tun haben. Besonders eignen sich historische und aktuelle politische, kulturelle oder wissenschaftliche Themen.

Beispiel

Auch ein Fragebogen aus dem »richtigen Leben« lässt sich in all seiner Umfänglichkeit ins Netz stellen – wie die Fragen zum Einbürgerungstest auf welt.de: http://is.gd/70pJu.

Dossiers oder Themenpakete

In einigen Onlineredaktionen werden diese umfassenden Betrachtungen zu einem Thema auch Spezial oder Special genannt. Texte und andere Berichtformen werden gebündelt und untereinander so verlinkt, dass die Leser schnell und zusammenhängend finden, was zu diesem Thema am wichtigsten ist. Entweder ein Dossier entsteht aus dem über einen längeren Zeitraum hinweg entstandenen Material und wird um die fehlenden Aspekte ergänzt. Oder die Redaktion entwickelt ein Konzept mit einer klaren inhaltlichen Aussage, anhand derer die Bestandteile des Dossiers zusammengestellt werden.

Beispiele

- Multimediadossier bei tagesschau.de zu »30 Jahre Die Grünen« im Januar 2010: http://is.gd/702Dr.
- Reisedossier zur Olympiastadt Vancouver auf geo.de: http://is.gd/708yb.
- Umfangreiches Spezial zur Buchmesse 2009 in Frankfurt/Main auf hr-online.de: http://is.gd/705yv.
- Informatives Dossier zum Urheberrecht bei der Bundeszentrale für politische Bildung: http://is.gd/706e0.

Blogs

Ursprünglich sind Weblogs, kurz Blogs genannt, keine journalistische Darstellungsform, sondern ein subjektives Meinungsportal einer Einzelperson.

Doch immer mehr Medienportale stellen Onlinetagebücher auf ihre Websites:

Beispiel

Z.B. zu bestimmten Ereignissen – wie auf CNNiReport: http://www.ireport.com oder als längerfristiges Projekt wie die Reisetagebücher auf geo.de: http://is.gd/70LUH.
Blogs von Chefredakteuren und anderen Redakteuren wie blog.tagesschau.de oder bbc.co.uk/blogs/overtoyou.
Ein Überblick über verschiedene Blogs findet sich auf zeit.de/blogs/index.
Auch das Handelsblatt listet mehrere Blogs auf: handelsblatt.com/media/weblogs.
Auf sueddeutsche.de gibt es die Blogs unter http://blogs.sueddeutsche.de.

Die Lektüre von Redaktionsblogs kann durchaus aufschlussreich sein, da die User einiges über journalistische Arbeit, Beobachtungen am Rande und die Entscheidungsprozesse in den Redaktionen erfahren. Vor allem können sie über die Kommentarfelder ihre Meinung dazu äußern. Für Journalisten bieten Blogs die Möglichkeit, die strengen Regularien der Dar-

Definition

Blogs

Ein Blog oder Weblog – eine Wortkombination aus den englischen Wörtern (World Wide) Web und Log für Logbuch – ist ein auf einer Website geführtes Tagebuch. Die jüngsten Einträge stehen oben, sie können zudem unter Kategorien zusammengefasst werden. Blogs sind auch deshalb essentieller Ausdruck der Netzkultur, weil über die Kommentare und Verlinkungen mit anderen Blogs und Websites eine transparente, weit vernetzte Kommunikation entstehen kann. Blogs können durch Passwörter geschützt werden, sind aber für die Öffentlichkeit gedacht.

stellungsformen beiseite zu lassen, ohne dabei Sorgfalt, Quellenschutz und Fairness zu vernachlässigen.

In Deutschland gibt es kaum Blogs, die einer größeren Öffentlichkeit bekannt sind. Deutschlands bekanntester Blogger, Stefan Niggemeier, riet im November 2009 auf einer Veranstaltung der Mediennachwuchsförderer doppelkeks e. V. in Heidelberg: »Suchen Sie sich ein Thema, über das Sie wirklich etwas zu sagen haben. Verlinken Sie auch die Blogs und Seiten, die die Gegenseite vertreten, über die Sie sich vielleicht geärgert haben. Sorgen Sie für Transparenz, das macht Sie glaubwürdiger.« US-amerikanische Ratgeber für Journalisten geben den Tipp, sich über ein eigenes Blog, Kommentare in anderen Blogs und Präsenz im Social Web einen Namen zu machen; unnachahmlich amerikanisch lautet der Rat: »Brand yourself online!«

Beispiel

CDU-Sponsoringaffäre

In der CDU-Sponsoringaffäre in Nordrhein-Westfalen Anfang 2010 haben nicht nur, aber in bedeutendem Maße die Blogs wie www.wir-in-nrw-blog.de, www.ruhrbarone.de und http://post-von-horn.de die entscheidenden Informationen veröffentlicht. Dort finden sich interne Dokumente aus der CDU-Parteizentrale und der Staatskanzlei sowie investigative Rechercheergebnisse, die in den herkömmlichen Medien nicht auftauchten. Zwar stecken auch hinter diesen Veröffentlichungen meistens Journalisten, die aber werfen z. B. den Zeitungen in der Region eine zu große Nähe zur Landesregierung, d. h. Hofberichterstattung vor. Den Blogs wiederum wird Polemik und mangelnde Anonymisierung der Quellen vorgehalten. Spannend ist diese Gegenöffentlichkeit allemal, da die Blogs zudem heftig miteinander konkurrieren.

Niggemeier, selbst Journalist, betreibt ein medienkritisches Blog unter seinem eigenen Namen und ist Mitbegründer von bildblog.de, einem sogenannten »Watchblog« (Blogs, die die herkömmliche Medienberichterstattung kritisch beobachten).

Auch wenn die deutsche Blogosphäre (noch) nicht so laut rauscht wie die US-amerikanische, lohnt es sich, nach Blogs zu aktuellen Debatten und Skandalen, den eigenen Interessengebieten und Recherchethemen Ausschau zu halten.

Auch am Thema Blogs entzündet sich immer wieder die Diskussion, wer eigentlich Journalist ist. Die User werden diese

Tipps

- Als Leser von Blogs immer ins Impressum schauen: Wer betreibt das Blog? Wer schreibt darin? Von wem oder was wird es eventuell unterstützt oder ist es unabhängig? Gebloggt wird auch geschäftlich – offen in sogenannten Corporate Blogs oder Unternehmensblogs oder versteckt, indem Werbung und Public Relations über Blogs betrieben werden.
- In Deutschland betreiben laut der Allensbacher Computer- und Technik-Analyse (2009) neun Prozent der Internetnutzer ein eigenes Blog. 31 Prozent lesen demnach Blogs. (Quelle: www.acta-online.de.)
- Anbieter für Blogs sind u. a. WordPress.com, antville.org und Blogger.com (Google). Eine Zwischenform zwischen ausführlichen Weblogs und dem Mikroblogging bei Twitter ist das Miniblogging über posterous.com und tumblr.com. Die Entwicklung geht immer mehr in die Richtung, dass Blogs und Social-Web- sowie E-Mail-Accounts synchronisiert werden: ein Eintrag automatisch für mehrere Ausspielwege.
- Weitere Blogs zu den eigenen Interessengebieten sind am einfachsten über Bloggrolls zu finden, der Linkliste in der Seitennavigation eines Blogs.
  Aber: Wählerisch sein! Sonst verzettelt man sich.

Unterscheidung vermutlich nicht unbedingt machen: Allein die Glaubwürdigkeit zählt.

Definition

Videoblogs (Vlogs) und Moblogs

Das Kunstwort aus Video und Blog wurde für Blogs erfunden, in denen die Blogger sich per Video äußern. Bisher sind sie kaum verbreitet, vor allem nicht im deutschen Sprachraum. Im weitesten Sinne kann man auch Videobotschaften von Politikern dazuzählen. Moblogs werden über Mobiltelefone oder PDA von unterwegs bestückt. Vlogs und Moblogs eignen sich hervorragend für die aktuelle und lokale Berichterstattung.

In den USA haben Blogs und »Citizen Journalism« (Bürgerjournalismus) einen anderen Stellenwert, u. a. weil die Medienlandschaft eine andere als in Deutschland ist. Geboren wurde die Bewegung für einen von etablierten Medien unabhängigen Journalismus (»Indymedia Movement«) aus der Unzufriedenheit von Journalisten selbst und Aktivisten von Protestbewegungen mit der Berichterstattung über Wahlen und Demonstrationen, z. B. über das Gipfeltreffen der Welthandelsorganisation WTO 1999 in Seattle.

Beispiele

- »Ehrensenf«: www.ehrensenf.de
- »Speak Schneider!« auf sueddeutsche.de: http://is.gd/71bXt.
- »London calling« auf tagesschau.de: http://is.gd/c2JBY.
- Angela Merkels Videopodcast: http://is.gd/67SQT.
- »Rocketboom«: www.rocketboom.com
- Steve Garfields Videoblog: http://is.gd/680qi.

Wer auf einem Apple-Rechner arbeitet und sich ein wenig als Reporter *vor* der Kamera ausprobieren möchte, kann sich das Programm »Videocue« herunterladen (http://is.gd/67U7q) und mit der Versuchsversion (»Try« statt »Buy«) 30 Sekunden seine Telegenität testen. Bestechend einfach ist das Abspeichern und Einbauen des Videos in einen Vlog.

»User Generated Content«

Die bekanntesten Webportale, die auf von Nutzern erstellten Inhalten (»User Generated Content«) basieren, sind YouTube, MySpace und Flickr. Auch Wikipedia als Nachschlagewerk, an dem jeder mitschreiben kann, ist ein klassisches Web-2.0-Format.

Beispiele

- Fotos von der Bergung des Airbus A320, der auf dem Hudson bei New York notlandete, im Videozusammenschnitt auf vimeo: http://is.gd/76fL8 (Autor: David Martin).
- Die Beteiligung vieler Autoren, vor allem auch Augenzeugen, und die Vor- und Nachteile dieser Darstellungsform spiegelt sich in den Berichten über Erdbeben auf wikipedia: http://is.gd/9YeaR, und der Diskussion über die Qualität der Artikel, z. B. auf der englischen Wiki-Seite: http://is.gd/9Ycpo.
- Ein Zusammenschluss von etwa 200 Bloggern verbirgt sich hinter http://globalvoicesonline.org: Der Schwerpunkt liegt auf Berichten, die in den Mainstream-Medien keinen oder kaum Platz finden.

Nachdem das Web 2.0 mittlerweile in der Alltagssprache angekommen ist, zeichnet sich bereits der nächste Entwicklungsschritt im Internet ab:

Web 2.0, Social Web, Web 3.0

Definition

In erster Linie zielen die Begriffe – neben einigen technologischen Innovationen – auf die veränderte Nutzung und Wahrnehmung des Internets: Die User erstellen und bearbeiten Inhalte in größerem Umfang selbst. Die Redaktionen fordern sie dazu mit interaktiven Angeboten auf und die User bilden unabhängig davon ihre eigenen Netzwerke, das Social Web. Damit ist der private, berufliche und nachrichtliche Informationsaustausch via Blogs, Foren, Kurznachrichtendienste wie Twitter, öffentliche Bookmarks (Lesezeichen zu Websites) etc. gemeint. Die Zusammenführung des Social Web mit dem Semantischen Netz wird als Web 3.0 bezeichnet und beruht auf einem Vorschlag von Tim Berners-Lee, dem Begründer des World Wide Web. Die Idee ist, dass Computer Informationen über Orte, Personen und Dinge zusammenführen und in Beziehung zueinander setzen. Wikipedia nennt als Beispiel: »Bei einer Reise etwa würden Wetterdaten und Staumeldungen in Bezug zu Informationen über mögliche Haltestellen und Vorlieben des Reisenden gesetzt werden.« (Quelle: http://is.gd/6bhGU). Die Verknüpfung der Informationen in einem Semantischen Web können neue Zusammenhänge herstellen, die zuvor nicht erkennbar waren. (Siehe auch Kapitel 5, Abschnitt »Datenbasierter Journalismus«.)

Als Text- oder Bildbeiträge im redaktionellen Teil sollten Userbeiträge das Angebot ergänzen, auf keinen Fall dominieren. Sie müssen als Beiträge von Lesern kenntlich gemacht werden.

Leserbrief und Umfragen sind nichts Neues in den Medien. Die Möglichkeit der spontanen interaktiven Reaktion am Computer erhöht die Bereitschaft, sich einzubringen. Schon Bewertungen von oder Kommentare zu Berichten gehören

Userbeiträge

- Die Redaktion muss immer ein Stück voraus sein: »It's all about having an editorial focus.« (Social-Web-Spezialist Robin Hamman auf der CeBIT im März 2010)
- Die Leser aktivieren – dafür Ideen liefern.
- Nutzergenerierte Inhalte dürfen nicht überwiegen.
- Konkrete Fragen stellen und Themen benennen, nicht einfach allgemein zu Beteiligung aufrufen oder ganz banal fragen: „Konflikt im Nahen Osten – Was meinen Sie?"
- Sinnvoll ist es, nach Informationen der User zu fragen, die einen Wert für die Redaktion haben, z. B. nach Augenzeugenberichten, speziellen Kenntnissen, Erinnerungen.
- Die Kommentare und Forumsbeiträge aufmerksam verfolgen, sichten und – wenn es passt – redaktionell bearbeitet ins Programm heben (Zusammenfassung der Meinungsäußerungen, Zitate in Berichten, Verlinken).

Tipps

dazu. In Foren können die Nutzer selbst ihre Einträge verwalten. Seriöse Medien schalten eine Moderation dazwischen, um mehr Übersichtlichkeit zu gewährleisten sowie um beleidigende, verfassungsfeindliche und rassistische Äußerungen zu entfernen. Das ist sehr aufwändig. Zudem sind viele User ungeduldig und wollen nicht stundenlang auf die Freischaltung ihrer Beiträge warten.

Auch der Aufruf einer Redaktion, zu schildern, was vor Ort geschehen ist, Fotos mit historischem Wert aus dem privaten Fotoalbum oder von aktuellen Ereignissen irgendwo auf der Welt zu schicken oder sich konkret zu einem Thema zu äußern, sind Web-2.0-Inhalte. Gastbeiträge von Experten oder Bloggern kann man außerdem dazuzählen.

Beispiel

Die NEW YORK TIMES hat einen »News Blog« (thelede.blogs.nytimes.com/) eingerichtet, in dem aktuelle Berichterstattung und Userkommentare zu einem Ereignis zusammenlaufen – wie z. B. zudem schwere Erdbeben auf Haiti am 13. Januar 2010: http://is.gd/6bNoW.

Live: Chats, Streaming, Ticker, Twitter

Live bedeutet die direkte Übertragung des Geschehens vor Ort im Fernsehen oder Radio. Liveübertragungen gibt es aber auch online.

Chats, also Gespräche mit Experten, Politikern oder anderen interessanten Personen, müssen rechtzeitig vorher und an unübersehbarer Stelle auf der Homepage angekündigt werden. Auch eine Twitter-Nachricht ist sinnvoll: »jayrosen_nyu: Program note: I'll be doing a live interview over Twitter with the participants in #JOURNCHAT tonight from 8 to 10 pm EST« (Tweet vom 25.01.2010).

Läuft der Chat über eine redaktionelle Website, sollte die Redaktion bzw. der Moderator des Gesprächs sich einige Fra-

Definition

Streaming

Datenströme aus dem Radio oder Fernsehen können via Internet live übertragen werden. Journalistisch ist das Streamen bei wichtigen Debatten z. B. im Bundestag oder anderen Großereignissen wie Hochzeiten von Stars interessant. Eingesetzt wird diese Technik aber auch bei Webinars, also Seminaren im Netz. Eine Darstellungsform im eigentlichen Sinne ist dieser Übertragungsweg nicht.

gen zum Thema vorher überlegt haben. Oder die User konnten Fragen einsenden, die meistens bereits ein breites Spektrum abdecken. Auswahl, Reihenfolge und Sortieren nach Themenfeldern obliegt der Redaktion. Am besten ist es, einen Chat zu zweit zu betreuen, da das Sichten der einlaufenden Fragen und das Strukturieren des Livegesprächs kaum von einer Person zu bewerkstelligen ist. Die Veröffentlichung des Chatprotokolls im Nachhinein versteht sich von selbst.

Nachrichten- oder Newsticker werden ebenfalls bei Großereignissen eingesetzt, gerne auch in der Sportberichterstattung. Ein Redakteur verfolgt ein wichtiges Ereignis meist über die Nachrichtenagenturen sowie Radio- oder Fernsehliveübertragungen und beschreibt möglichst zeitnah die Entwicklung des Geschehens.

Beispiele

- Ticker zu aktuellen Ereignissen auf tagesschau.de: http://is.gd/6bZJx
- Schlagzeilen sortiert nach Sportarten auf kicker.de: http://is.gd/6cn6A
- Foto-Ticker auf spiegel.de: http://is.gd/c2tPU

Nicht zu Liveereignissen, aber möglichst dicht am Nachrichtengeschehen werden Schlagzeilenticker eingesetzt. Dieses Verfahren ist in der Regel automatisiert.

Für Onlinemedien in den USA ist Twitter (Erläuterung in Kapitel 2) ein fester Bestandteil ihrer Berichterstattung. Vor allem bei Breaking News wird das Mikroblogging eingesetzt, um möglichst schnell die wichtigsten Entwicklungen publizieren und bündeln zu können. Huffingtonpost.com hatte z. B. kurz nach dem Erdbeben in Haiti auf Twitter eine Seite eingerichtet: twitter.com/huffingtonpost/haiti-earthquake.

PHOTOS, VIDEO: First Images Of Haiti Earthquake

FOLLOW LIVE ON TWITTER

(Quelle: huffingtonpost.com am 13.01.2010)

In Deutschland ist die Einbindung von Twitter-Nachrichten nicht ungewöhnlich, aber eher noch selten. Der Sinn und Zweck dieses Programms muss sich für jeden Nutzer individuell erschließen. Sehr individuell: denn zunächst einmal bietet Twitter den Vorteil, dass jeder selbst entscheidet, wem er folgt und vor allem, wem man nicht mehr folgt.

Für Journalisten ist klar: Wir abonnieren die 140-Zeichen-Kurznachrichten, die Tweets, derjenigen, die sich mit »unseren« Berichterstattungs- und Recherchethemen befassen – generell oder aktuell, langfristig oder ad hoc. Das heißt: Die entsprechenden Experten recherchieren, wenn man sie nicht ohnehin schon kennt, und schauen, ob sie twittern. Weitere interessante Twitterer kommen hinzu, indem man auf die Verweise von anderen auf andere in den Mikroblogs achtet, die »retweets« (gekennzeichnet durch »RT«).

Tipp

Wählerisch sein und immer wieder filtern, filtern, filtern, wessen Tweets einem wirklich etwas bringen.

Für Konferenzen, Katastrophen und Konzerte bietet sich Twitter in der Liveberichterstattung an, denn die Journalisten wie Teilnehmer, Betroffene oder Besucher brauchen nur einen Onlinezugang über ein Notebook oder Mobiltelefon, um via Twitter über die Vorgänge mit Kurztexten zu berichten. Eingebunden werden kann die Berichterstattung über einen Link auf eine Twitterseite – wie das Beispiel von huffingtonpost.com zeigt – oder auch über Programme wie CoverItLive.

Tipp

CoverItLive ist schnell zu installieren und es ist kostenfrei. Man kann sofort live bloggen, da das Programm mit einem HTML-Code einfach in die Website oder ins eigene Blog einzubauen ist. Kommentare von Lesern können entweder individuell freigegeben oder direkt durch eine Freischaltung permanent und direkt zugelassen werden. Außerdem sind Liveumfragen und das Hochladen von Fotos und Videos möglich. Und noch viel mehr.

Twitter als Nachrichtenquelle

Bei den Präsidentschaftswahlen im Iran 2009 nutzte die Opposition im Land Twitter als Kommunikationsweg zum Rest der Welt. Die Redaktionen griffen auf diese Informationen in ihrer Berichterstattung zurück, da fast alle ausländischen Korrespondenten ausgewiesen worden waren. Problematisch war allerdings, die Echtheit der Nachrichten und Fotos via Twitpic zu überprüfen.

Nach dem Amoklauf von Winnenden 2009 zeigte sich, dass die Schnelligkeit der Nachrichtenweitergabe via Twitter sowie mangelnde kritische Prüfung in den Redaktionen zur weiten Verbreitung von Falschmeldungen und Gerüchten führen kann.

Beispiel

Wozu noch Pressemitteilungen, wenn es Twitter gibt? Der Pressesprecher des Weißen Hauses, Robert Gibbs, verkündet Neuigkeiten der US-Regierung in 140 Zeichen: http://twitter.com/PressSec

Wer zu bestimmten Themen Nachrichten über Twitter absetzt, setzt ein Hashtag (#iran oder Ähnliches) und ein Stichwort in seine bis zu 140 Zeichen; entsprechend können die Themen auch bei einer Recherche nach diesem System gefunden werden.

Im Blogeintrag »Ten things every journalist should know in 2010« auf www.journalism.co.uk (http://is.gd/9OSNH) gibt

Tipp

Auf der Website www.twitterfall.com kann der Nachrichtenstrom zu einem bestimmten Thema abgerufen werden. Unter Trends finden sich die Themen, die gerade besonders angesagt sind. Die Suchfunktion ermöglicht die Recherche nach Tweets zu weiteren Neuigkeiten. Falls es eine Twitterwall zu einer Veranstaltung oder einer Aktion gibt, lohnt sich natürlich immer ein Blick darauf. Eine eigene Wall kann man auf twitterwallr.com erstellen.

Beispiel

Während der Studentenproteste im Herbst 2009 wurden die Themen-Hashtags #unibrennt, #unsereuni, #audimax eingeführt. Die beeindruckende Analyse von über 60.000 Tweets im Zeitraum 23. Oktober bis 21. November 2009 ist auf YouTube zu bewundern: http://is.gd/71liy

John Thompson Onlineredakteuren einen wunderbaren Rat: »Curate the real-time web to help readers find useful news and information on Twitter, YouTube, and other social channels.« Sinngemäß heißt das: »Hab das Echtzeitinternet im Auge, um für die Leser der eigenen Website hilfreiche Informationen herauszufischen. «

Beispiel

Wer z.B. die Proteste gegen den Abriss der Häuser im Hamburger Gängeviertel verfolgen wollte, tat gut daran, sich die Facebook-Seite der Protestbewegung anzuschauen.

Onlinejournalisten sollten für ihre User aus dem Social Web die Nachrichten und Trends herausfischen, die über den rein privaten Austausch hinaus wichtig und interessant sind: »More Signal. Less Noise«, formuliert es die Website Publish2 (www.publish2.com).

Das Motto der Website lautet: »Bring your community the best of the Web with Publish2.« Journalisten tauschen hier aus und publizieren, was sie an interessanten und besonderen Inhalten im Netz gefunden haben. Die Idee ist, die Texte so stark wie möglich miteinander zu verlinken (Stichwort: linkjournalism).

Literatur

Anja Ebersbach/Markus Glaser/Richard Heigl: Social Web. Konstanz, 2., überarbeitete Auflage 2010.

Datenbasierter Journalismus

Die Idee ist schlicht und nicht neu: Das Zusammentragen, Veröffentlichen und Verknüpfen von behördlichen und privaten Daten kann zu Erkenntnisgewinnen und guten journalistischen Geschichten führen. Hinzu kommt jetzt: Was der Mensch nicht rechnen kann, ist für Computer eine zu bewältigende Datenmenge, die nach bestimmten Kriterien analysiert werden kann. Verschiedenste Quellen liefern die Datenbasis, z. B. das Statistische Bundesamt (http://is.gd/aOw3n) oder Eurostat (http://is.gd/aOvZc). Dargestellt werden können die Recherchen in Textform, als Tabelle oder als Grafik.

Wozu das Ganze? Zahlen über Unfälle, in die Kinder verwickelt waren, sind leicht zu beschaffen. Sie mit den geografischen Daten zu kombinieren, kann Aufschluss darüber geben, was den Straßenverkehr für Kinder gefährlich macht. Oder:

Beispiel

EveryBlock liefert Informationen aus der Nachbarschaft, quasi straßenblockweise: Wer sich über die Kriminalitätsstatistik einer Straße oder eines Viertels unterrichten will, bekommt auf everyblock.com die Daten der Polizeibehörden. Aus den Datenbanken der Stadtverwaltungen stammen Angaben über Baugenehmigungen, die erteilten Genehmigungen zum Alkoholausschank und über den Ausgang der Gesundheitskontrollen in Restaurants. Auch Berichte von den Internetseiten von Zeitungen, Zeitschriften, Fernseh- und Radiostationen werden ausgewertet. Sogar die »Lost-and-Found«-Rubrik des Anzeigenportals »Craigslist« wird herangezogen. Auf die Bestände von Flickr kann man über Everyblock zugreifen, um sich Fotos aus den Stadtvierteln anzusehen. Die Zusammenarbeit mit yelp.com ermöglicht den Zugriff auf Bewertungen von Restaurants, Filmen, Dienstleistungen etc.

Eine US-amerikanische Anwendung verknüpft die Daten zur Sicherheitsüberprüfung von Brücken mit den geographischen Angaben: der interaktive »Bridge Tracker« auf msnbc.com (http://is.gd/aOwh4).

Beispiel

Die Onlineredaktion des britischen GUARDIAN hat für den Datenjournalismus ein Blog eingestellt: guardian.co.uk/news/datablog.

Adrian Holovaty, der Betreiber von everyblock.com, wies beim Scoopcamp »new storytelling« in Hamburg im September 2009 darauf hin, dass »Data Journalism« aufklärerischen Charakter haben kann: Es gehe darum, die Bürger über Fakten zu informieren, Schlüsse daraus zu ziehen und die Grundlage für weitere Recherchen und berechtigte Proteste zu liefern.

Die Daten miteinander zu verlinken, ist Bestandteil des Web-3.0-Journalismus.

Literatur

Informationen zu »Linked Data« von Tim Berners-Lee:

w3.org/standards/semanticweb/data

w3.org/DesignIssues/LinkedData.html

Kommentierte Linklisten

Diese Hinweise auf andere Websites sind eine klassische Onlinedarstellungsform und zum Teil mit einem erheblichen

Rechercheaufwand verbunden. Im Kommentar stehen muss: Was bietet die Website oder die verlinkte Unterseite (»Deep Link«) den Usern? Wie ist sie einzuschätzen? Das kann tatsächlich in Form einer Liste geschehen oder in Berichtsform wie hier zum Thema Europawahl im Juni 2009 auf tagesschau.de: http://is.gd/6eTe2.

Mit Bildern Geschichten erzählen – ohne und mit Ton

Bilderstrecken können einen Bericht in Textform ergänzen oder ihn komplett ersetzen, z. B. als Nachruf, Porträt, Jubiläumsfeier, Jahresrückblick, Ausstellungseröffnung, Renovierung eines Museums, Katastrophenbericht, Reaktionsmeldung etc.

Sie können auch ein Thema überhaupt erst zum Thema machen, weil es von dem Ereignis so viele schöne und informative Motive gibt. Hier besteht allerdings die Gefahr, dass eine Bilderstrecke rein voyeuristischen oder werblichen Charakter bekommt: Die Redaktion sollte sich immer überlegen, welche journalistische Aussagekraft die Fotoreihe hat. Sonst ist der Vorwurf berechtigt, es handele sich um eine reine »Klickmaschine«. Das heißt konkret: Erfahren die Leser etwas Wichtiges zusätzlich, wenn Fotos von einer Automobilmesse gezeigt werden? Ist die Darstellung der ehemaligen CSU-Politikerin Gabriele Pauli in Latex-Kostümen von journalistischem Interesse? Ist eine Bilderstrecke mit mehreren hundert Texttafeln zum Thema »Warum ich keine Lust auf Sex hatte« ein angemessener Inhalt für ein Internetportal einer Tageszeitung? Kann man noch von journalistischer Auswahl sprechen, wenn mehr als 200 Bilder eines Schützenfestes ins Netz gestellt werden?

Bauen von Bilderstrecken

Nach dem Sichten des Bildmaterials muss entschieden werden: Was ist die Aussage der Geschichte? Welchem Erzählstrang folgt sie? Sind alle Fotos vorhanden, die die Geschichte braucht, denn diese wird auf der visuellen Ebene erzählt. Der Text – zum Lesen oder Hören – ergänzt und erläutert die Bildaussagen.

Merke

Vorsicht beim Nutzen von Musik: keine Urheberrechte verletzten! Das kann teuer werden.
Kompetente Informationen zu Musikrechten bei irights.indo: http://is.gd/c2BKf.

Beim Erzählen in Bildern kommen neben der reinen Aufzählung (»Bilder des Tages«, Bilder einer Ausstellung, Makroaufnahmen eines Insektes etc.) verschiedene Formen in Betracht: Chronologie, Aufteilung in Kapitel, Annäherung an eine Person, ein Ereignis oder ein Objekt, Darstellen von Kontrasten. Ist es eine Bildreportage, kommen weitere Formen ins Spiel.

Fünf Erzählweisen

Für welche Variante der Autor oder die Autorin sich auch immer entscheidet, es ist gut, das Ende der Geschichte bereits bei Arbeitsbeginn zu kennen. Am Anfang sollten starke Bilder stehen, um die Betrachter »zu kriegen«. Die Erzählformen tauchen nur selten in der Reinform auf, sondern überlappen sich oft.

Wie im Hollywood-Drama: Konflikt/Problem am Anfang etablieren, dann folgen eine (scheinbare) Lösung (Ruhe), ein weiterer negativer Höhepunkt, zum Schluss die Konfliktlösung oder Eskalation (ganz schlicht gesagt: explosion – bigger explosion – better explosion).

Ein Beispiel ist das Intro bei »Liberians in Minnesota« auf startribune.com: http://is.gd/70swV.

Oder: Nach der Einführung das Thema durch Beispiele, verschiedene Aspekte und Perspektiven auffächern, die auf einen Höhepunkt zuführen, dann Abschluss, der einordnet oder die Geschichte ausklingen lässt. Die Höhepunkte können starke Bilder oder Aussagen sein oder eine inhaltliche Klimax.

Ganz sanft geschieht das in der Audioslideshow »Guitar lessons at the Central Area Senior Center« auf seattletimes.com: http://is.gd/70t6n.
Dieses Beispiel nennt Mindy McAdams in »The Reporter's Guide to Multimedia Profiency«, zu finden unter: http://is.gd/6k9QR

Fokus auf ein Ereignis aus unterschiedlichen Perspektiven: In die Situation über einen »Establishing Shot« (wo spielt das Ganze?) oder Teaser einführen, dann die verschiedenen Aspekte betrachten (lassen). Ausführliche Bildunterschriften erläutern die Motive und liefern Hintergrundinformationen. »The Akhdam of Yemen« auf nytimes.com: http://is.gd/6t4ul.

Kapitelaufteilung: Struktur durch wiederkehrende Elemente wie z. B. Szenenwechsel durch »Establishing Shots«, eine wiederkehrende Person oder Texttafeln (in großer, gut lesbarer Schrift!).

Der Fotojournalist Chris Hondros berichtet auf msnbc.com über seine Arbeit. Er taucht im Bild, aber vor allem auf dem Audio selbst immer wieder auf, so dass eine Gliederung entsteht: http://is.gd/afc3i.

In der Audioslideshow »Our hidden poor« auf chicagotribune.com werden mehrere Familien vorgestellt. Sehr schön ist hier die Trennung der Kapitel mit Texttafeln: http://is.gd/afb0B.

Mehrere Einstiegspunkte: Zum Beispiel beginnt eine Geschichte mit verschiedenen Perspektiven auf das Szenario oder die mitwirkenden Personen, dann entwickelt sie sich zu einer

Chronologie, einer Art Fallbearbeitung oder Konfliktlösung aus verschiedenen Perspektiven.

»The Girl in the Window« auf tampabay.com: http://is.gd/6smga (Die Audioslideshow ist um einige kurze Videosequenzen ergänzt. Weitere Beträge zum Lesen und Hören sind verlinkt.).

Aspekte herausgreifen: Bei Ereignissen mit starken Motiven: aussagekräftige Fotos, schöne Fotos, treffende Fotos (Pars pro Toto) auswählen. Diese Slideshows vermitteln eher Eindrücke und Impressionen, als dass sie eine Geschichte im Sinne eines Ablaufs erzählen.

»High School Rodeo« auf desertnews.com: http://is.gd/6smo7

Immer mehr Portale bieten ihre Fotos auf diesem Wege zum Verkauf an.

Wenn diese Form der Slideshow vertont wird, dann meist mit Umgebungsgeräuschen (Atmo) oder Musik wie bei dieser Bilderstrecke von Fabian Mohr zum Burning-Man-Festival: http://is.gd/6smMx.

Arbeitsschritte Slideshow

- Material sichten/hören: Was ist meine Geschichte? Erzählidee entwickeln: in drei Worten (Subjekt, Prädikat, Objekt) sagen, worum es geht. Erste Auswahl treffen, um die Anzahl der Motive überschaubar zu machen. Eventuell können aussortierte Bilder später wieder dazugenommen werden.
- Ausschnitte wählen: Wer multimedial arbeitet, muss sich zumindest Grundkenntnisse in Photoshop (teuer) oder einem anderen kostenfreien Bildbearbeitungsprogramm (Picasa oder Gimpshop) aneignen, z. B. um einen Bildausschnitt auszuwählen, die Belichtung nachzubearbeiten, die Bildgröße zu verändern, die Schärfe nachzuziehen

Checkliste

und die Fotodatei im optimalen Webformat JPG (.jpg) abzuspeichern. Tipps finden sich unter der Photoshop-Hilfe, auf www.teialehrbuch.de (kostenloser Lehrgang unter: http://is.gd/656Mk) und auf Englisch unter www.photoshopessentials.com. Achtung: Journalistische Fotos dürfen nicht durch Retusche, Montage oder durch Spiegeln des Motivs manipuliert werden.

- Zeitachse (»Timeline«) der Audiospur durchplanen: wann O-Töne, wann Off-Töne, wann Musik, wann Stille, wann »Atmo«.
- Erzählform wählen.
- Einstiegsfotos bestimmen. Die Qualität und Besonderheit der ersten Bilder entscheiden darüber, ob die User weiterklicken.
- Sequenzen zusammenfügen: Jedes Foto baut auf das vorhergehende auf, auch wenn es sich nicht um eine chronologische Reihenfolge handelt. Das heißt, kohärente Geschichte auf Bildebene erstellen: weit, mittel, nah oder umgekehrt. Das abrupte Auftauchen einer Totalen oder einer ganz nahen Einstellung signalisiert einen Themenwechsel, den Beginn eines neuen Abschnitts. Auch Blickrichtungen oder Ausrichtung der Motive müssen beachtet werden.
- Mögliche Bildfolgen: Aktion-Reaktion (z. B. Bühne-Publikum) wie in dieser Bilderstrecke auf nytimes.com: http://is.gd/afgny, fließende Übergänge oder sogar Überblendungen, Gegenüberstellungen oder Kontraste wie bei diesem Einstieg in einer Bilderstrecke auf spiegel.de: http://is.gd/70ugF.
- Bei Aufzählungen: Bilder in gleicher Einstellung hintereinander stellen. Der Brennpunkt, die Aktion oder schlicht interessanteste Punkt sollten ungefähr auf der gleichen Bildhöhe liegen, so dass die Augen des Betrachters nicht springen müssen.

Checkliste

- Harte Schnitte oder Überblendungen sind für den Rhythmus einer Bilderstecke wichtig. Sie können eine Aufzählung, eine Zäsur oder eine starke Verbindung ausdrücken.
- Wenn Nahaufnahmen und Totalen eines Motivs gezeigt werden, ist die Abfolge von nah auf weit in mehreren Schritten möglich oder es sollte zuerst eine Übersicht gegeben werden, bevor ans Detail »herangesprungen« werden kann.
- Vogel- und Froschperspektive können (sichere) Distanz oder die (versteckte) Beobachtungsposition ausdrücken.
- Aber Vorsicht vor völlig überraschenden Perspektivwechseln, die die Betrachter nicht nachvollziehen können.
- Eine gute Bildergeschichte kann mit 6 oder 7 Fotos gut und rund erzählt sein, eventuell sind 12, vielleicht sogar 18 bis 20 notwendig. Das ist allerdings viel – da müssen die Bilder schon sehr gut sein.

Beim Bauen von Bilderstrecken können – mit aller notwendigen Zurückhaltung – selbstverständlich auch Effekte eingesetzt werden:

Effekte

- Splitten des Schirms,
- Texttafeln,
- mehrere harte Schnitte kurz hintereinander,
- mehrere Bilder in einem Frame,
- Bildwiederholungen,
- überraschende Perspektiven und Perspektivwechsel, z. B. Basketball im Rollstuhl in »The Daily Illini« (The Best of Photojournalism): http://is.gd/70uyb,

Checkliste

- Ken-Burns-Effekt:
  Foto nicht statisch einsetzen, sondern durch »Panning« und »Zooming« (Schwenken und Vergrößern) in Bewegung setzen. Beispiel: Aufnahme einer Baseballmannschaft in einer Totalen, sobald der Kommentar des Sprechers sich mit einem bestimmten Spieler befasst, langsamer Zoom zu Großaufnahme dieses Spielers.

Kleine Fotoschule

Wer selbst fotografieren will, braucht zumindest eine einführende journalistische Fotoschulung. Fotografieren lernen ist zudem eine perfekte Vorbereitung auf das Drehen von Filmen. Hier werden die wichtigsten Stichworte genannt, die Anfänger beherzigen sollten.

Der Standort ist entscheidend. Ihn – wenn möglich – mehrfach zu wechseln, erhöht die Chance, eine gute Perspektive zu finden. Je mehr Übung jemand hat, desto eher erkennt er die beste Position, ohne mehrere ausprobieren zu müssen. Profis haben, wenn möglich, immer eine Leiter dabei – und Gummistiefel, falls sich der beste Standort im Graben oder auf einem Misthaufen befindet.

Tipp

Die beste Kamera ist die, die man dabei hat. Das gilt generell für Journalisten, aber besonders für Lokalreporter und Berichterstatter fürs Internet.

Das Motiv nicht in die Mitte des Bildes rücken. Der zentrierte Sucher verleitet dazu. Profis wählen fast immer einen anderen

Merke

Die Drittel-Regel lehnt sich an den Goldenen Schnitt in der Kunst an. Das Foto wird gedanklich in drei gleich große horizontale und vertikale Rechtecke aufgeteilt – wie ein Raster, das über dem Motiv liegt. Die Motive sollten an die Trennlinien dieser Drittel gesetzt werden. Also: Horizonte nicht durch die Bildmitte (50 Prozent) laufen lassen, sondern genau durch das obere (33 Prozent) oder untere (66 Prozent) Drittel der Bildhöhe. Einzelne Personen oder Objekte nicht genau in der Mitte platzieren, sondern auf der Trennlinie zwischen linkem oder rechtem Drittel.

Bildschwerpunkt, da die Fotos dann dynamischer und interessanter wirken.

Einige Bildkompositionen entstehen durch die Platzierung von bestimmten Objekten oder Figuren, andere durch die Wahl des Standorts. Durch eine leichte Verschiebung kann das Bild sich immens verändern. Manchmal glückt das auch bei Schnappschüssen, aber die meisten guten Bilder sind wohlüberlegt komponiert.

Definition

Einstellungsgrößen

Wer filmt oder fotografiert, muss die Einstellungsgrößen kennen: Supertotale, Totale, Establishing Shot, Halbtotale, Amerikanische, Halbnahe, Nahe, Groß, Detail, Italienische. Eine gute Quelle: http://de.wikipedia.org/wiki/Einstellungsgröße.

Weitere Hinweise: einen unkomplizierten Hintergrund wählen, der nicht vom eigentlichen Motiv ablenkt. Darauf achten, dass keine Dinge auf dem Foto sind, die nichts mit der Bildaussage zu tun haben. Das heißt sehr oft auch, dass Fotografieren Geduld erfordert, viel Geduld!

Zuerst muss der Fotograf entscheiden: Worauf soll sich das Interesse des Betrachters konzentrieren?

Diagonale Linien sind spannender als gerade: Sie führen ins Bild hinein oder lenken die Aufmerksamkeit auf das wichtige Objekt im Bild. Auch Objekte im Vordergrund können den Fokus stärker auf das Hauptmotiv richten: Sie rahmen es quasi ein. Wenn ein Baum am Bildrand oder eine wehende Fahne in der oberen Ecke platziert ist, gibt dieser Rahmen dem Bild mehr Tiefe. Ein interessantes Projekt zum Thema Framing (Rahmung) hat der Fotograf Chris Hondros in das Blog von »Getty Images«: http://is.gd/6soTL gestellt.

Jost J. Marchesi: Digital Photokollegium, Band 1–3. Gilching 2007.

Fototipps von Stefan Heymann: http://is.gd/7lZdy.

Ein Blick lohnt sich auch auf: www.fotografiez.de.

Kleine Fotoschule (englisch) auf photoinf.com: http://is.gd/5HM3V.

Und – der Gedanke ist nahe liegend, aber wird oft missachtet – immer kurz abwägen: Ist das hier eher ein Motiv für ein Hochformat?

Bilderstrecken ohne Ton sind mittlerweile Standard auf Medienwebsites. Mit einer Audiospur versehen, sind sie wunderbar intensive Darstellungsformen. Der Ton gibt den zweidimensionalen Fotos eine dritte Dimension.

Beispiele

Schöne Auswahl: www.boston.com/bigpicture

Gute Fotos: http://blog.zeit.de/fotoblog

Mit Sound

Es gibt beide Methoden: Zuerst liegen die Fotos vor und dazu wird eine Tonspur erstellt – oder umgekehrt. Bei der Audioslide-Reportage arbeitet der Autor parallel an beidem.

Für ein Interview entlang von Bildern – das können historische oder aktuelle Fotos sein – muss die Redaktion die Bilder in eine sinnvolle Reihenfolge bringen. Das kann entweder in Absprache mit den Interviewpartnern geschehen oder als Vorgabe. Das Gespräch entwickelt sich entlang dieses visuellen Erzählstrangs. Die Authentizität dieser Darstellungsform ist sehr hoch, da die Protagonisten selbst sprechen. Die Stimme verrät viel: Geschlecht, ungefähres Alter, Herkunft (Dialekt, Akzent) und Gefühle.

Beispiel

»Remembering Eleanor« auf nytimes.com: Zeitzeugen berichten über den Ort Eleanor, der nach der First Lady Eleanor Roosevelt benannt wurde. Die Umsiedlung von 150 Familien dorthin war ein »New Deal«-Projekt: http://is.gd/5MF1a
Die Fotos stehen etwa sechs bis acht Sekunden in dieser Audioslideshow.

Die Audioslideshow über den Ort Eleanor zeigt z. B. den Informationswert von privaten Fotoalben. Man beachte die Pausentaste – die User können die Bilder jederzeit länger betrachten.

Ein Interview zu einer Plakatreihe kann eigentlich nur mit vielen Bildern funktionieren. Auch zu Themen wie Ausstellungen, Bauplänen, Stadtentwicklung, wissenschaftlichen Befunden (dargestellt in Form von Aufnahmen jeder Art oder Grafiken) etc. lassen sich bebilderte Interviews bestens führen.

Beispiel

»Mit Jesus, Jeans und Pinguinen nach Europa«: Interview mit Politikberater Michael Spreng, dem ehemaligen Berater des Ex-Ministerpräsidenten von Bayern, Edmund Stoiber, zu den EU-Wahlplakaten auf tagesschau.de: http://is.gd/7lyUC.
Die Bilder sind zwischen 6 und etwa 22 Sekunden lang zu sehen.

Eine hohe Glaubwürdigkeit haben auch Autoren-Slideshows: Fotografen oder Reporter berichten, was sie vor Ort erlebt haben. Die bereits erwähnte Audioslideshow »Life behind the lens« von Chris Hondros und auch die Reportage aus Darfur des Bildjournalisten Hartmut Schwarzbach sind so gemacht:

Beispiel

»Überleben in Goma« auf tagesschau.de:
http://is.gd/5MN7d
Die Fotos stehen zwischen 9 und 28 Sekunden.

In seinem Blog www.rufposten.de weist Michael Eberl zudem auf die sehr persönlich erzählte Audioslideshow »Greetings from the Jersey Shore« der NATIONAL-GEOGRAPHIC-Fotografin Amy Toensing hin: http://is.gd/5MNxU.

Die aufgezeichnete oder geschnittene Tonspur muss beim Bauen der Bilderstrecke im Regelfall stark nachbearbeitet werden, um die Längen anzupassen.

Literatur

Matthias Eberls Blog rufposten.de ist eine Fundgrube zum Thema Audioslideshows. Er befasst sich mit allem Wichtigen rund um das Thema. Eberl ist ein Profi und hat den Reporterpreis 2009 für die beste Webreportage gewonnen mit seinem Porträt der Szenekneipe X-Cess in München, die auf sueddeutsche.de erschienen ist: http://is.gd/5MNNj. Eberl lässt in dieser Slideshow die Fotos zwei bis elf Sekunden lang stehen.

Vor- und Nachteile von Bildunterschriften

Bildunterschriften in Audioslideshows sind oft notwendig, um genauere Angaben machen zu können. In der Userstudie »Eyetrack III« von Poynter wurde allerdings deutlich, dass das Anschauen der Bilder, das Zuhören und zudem das Lesen Nutzer überfordern kann: »... there can be too much stimulation when the viewer is expected to listen to the narration, look at a photo, and read a caption. Perhaps it makes sense to build in pauses in the audio to allow for text reading.« Lesepausen werden durch Pausen im Audio und das Verwenden von Texttafeln geschaffen. Eine gute Lösung sind zudem verborgene Bildunterschriften, die durch ein Mouseover (Bewegung der Maus über einen Seiteninhalt) sichtbar werden. Die Bildunterschriften sollten nicht fehlen, da sonst Gehörlose der Bildergeschichte gar nicht folgen könnten.

Beispiel

Sinnvoll ist der Einsatz von Bildunterschriften für die Übersetzung von O-Tönen wie hier auf faz.net in dem Bericht über einen Wettkampf von Feuerwehren aus der ganzen Welt: http://is.gd/5M47X.

Wenn Interviews und Umgebungsgeräusche vom Ort des Geschehens zu einer stimmigen Toncollage zusammengeschnitten werden, entsteht parallel zu den gut »getimten« Fotos ein Hörgemälde. Die Audiospur muss die Stimmung der Fotos aufgreifen – so wie in diesen vorbildlichen Beispielen:

Beispiele

»1 in 8 million: John Keegan – The Ladies' Man« auf nytimes.com: http://is.gd/c30PP.

»Hotel Poverty« auf vewd.org (Documentary Photography Magazine): http://is.gd/5MPZN.

Es kommt darauf an, die Handlung zu bebildern – mit vielen unterschiedlichen Aufnahmen, mit Detailaufnahmen, aus verschiedenen Perspektiven. Gibt es zum O-Ton kein Bild, kann auch der Ton nicht verwendet werden. Im Video ließe sich das noch mit themenverwandten Bildern unterschneiden. In der Audioslideshow funktioniert das nicht, weil die Betrachter die visuelle Begleitung oder Verknüpfung erwarten. Ton und Bild müssen genau zueinander passen.

Ideal ist selbstverständlich ein paralleler Entstehungsprozess von Bildern und Ton, in dem eventuell nach einem Rohschnitt der Audiospur noch Fotos nachträglich aufgenommen werden

Definition

Text-Bild-Schere

Weichen die Informationen in Ton und Bild zu sehr voneinander ab, verwirrt das die Betrachter und sie verlieren den Faden der Geschichte.

können. Eine Faustregel ist, dass zehn Mal mehr Fotos vorliegen müssen als letztendlich verwendet werden.

Tipp

Wem noch das eine oder andere Geräusch fehlt, der wird eventuell auf www.findsounds.com fündig.

Warum Audioslideshows, wenn es doch Videos gibt?

Videos können schnelle Abläufe einfangen, sie sind ideal für die aktuelle Berichterstattung und haben zudem – trotz aller Manipulierbarkeit – eine hohe Glaubwürdigkeit beim Publikum. Viel Aktion und Bewegung machen ein Video interessant.

Eine Audioslideshow ist die richtige Darstellungsform für hintergründige, rückblickende, nahe, um nicht zu sagen intime Geschichten. Auch Langzeitbeobachtungen sind darin gut aufgehoben – neben Porträts also Reisen, Forschung und ihre Ergebnisse, Situations- und Lebensbeschreibungen. Porträts gewinnen eine niemals zu unterschätzende Dimension hinzu: Die Betrachter hören die Stimmen der Menschen, die die Story mit ihren eigenen Worten erzählen.

Audioslideshows eignen sich auch deshalb besonders fürs Internet, weil die Bilder »stehen«: Es sind sogenannte »Stills«. Beim Übertragen der Daten muss der Computer nicht ständig neue, da sich verändernde Bilder berechnen. Zudem können die User die Bilder so lange betrachten wie sie wollen.

Den Ton treffen

Interviews oder Interviewpassagen, Originaltöne (O-Töne) weiterer Personen, Geräusche aus der Umgebung (Atmo), aufgenommene Stille (statt einer Tonlücke) – aus all dem entsteht die hörbare Geschichte zu den Fotos.

Tonaufnahmen

- Das richtige Mikrofon auswählen: Superniere oder Keule. Letztere hat eine sehr starke Richtwirkung, die alle anderen Geräusche außer der sprechenden Person ausblendet. Das Supernieren-Mikrofon hat eine abgeschwächte Richtwirkung, nimmt dafür aber einen wärmeren Ton auf.
- Immer geschlossene Kopfhörer tragen, weil nur dann auch alle Nebengeräusche hörbar sind, die aufgezeichnet werden.
- Für Interviews, die nicht Teil einer Szene sind, einen wirklich ruhigen Raum aufsuchen.
- Kein aktives, d.h. lautes Zuhören: Jedes »Ja« oder »Mhmhm« kann einen guten O-Ton zerstören.
- Erneut fragen, um kürzere, prägnantere Antworten zu erhalten.
- Das Mikrofon ruhig halten, das Kabel zur Stabilisierung einmal um die Hand schlingen (Kabelschleife) und nicht mit den Fingern zucken oder Ähnliches. Auch das ist später zu hören.

Checkliste

- Das Mikrofon nicht auf den Tisch vor die Interviewpartner legen. Was ist, wenn diese mit den Fingern trommeln oder auf die Tischplatte hauen?
- Hellhörig sein beim Aufnehmen von Geräuschen (Atmo): das Qietschen einer Tür wahrnehmen, das Klingeln eines Telefons als Signal in die Slideshow einbauen, nicht am Ufer stehen bleiben, sondern ins Wasser gehen (dort wo der Sound ist), den Ausdruck starker Gefühle festhalten.

Das kostenfreie Audio-Schnittprogramm Audacity ist nicht einfach, aber mit etwas Geduld erlernbar. Final Cut, die einfachere Version Final Cut Express (für Mac), Adobe, Avid und Digas (bei öffentlich-rechtlichen Sendern) sind einige mögliche Alternativen für Profis bzw. Redaktionen.

Tipp

Hinweise zum Arbeiten mit Audacity auf Deutsch: http://audacity.sourceforge.net/help/faq (am besten im Browser Firefox öffnen). Gute Anleitungen auf Englisch von Mindy McAdams: http://is.gd/687By.

Literatur

Großartige Slideshows: www.mediastorm.org. Hier lohnt sich immer wieder ein Blick.

Fabian Schweyers Blog www.soundphotographer.de. Schweyer hat seine Diplomarbeit über Audioslideshows geschrieben.

Mehr professionelle Fotografie auf: vewd.org und www.nppa.org.

Eine Sammlung von Beispielen gibt es auf: http://is.gd/5MHao (FAZ.NET-Slideshows).

Um ein Interview oder einen Audiobeitrag ins Netz zu stellen, muss eine MP3-Datei erstellt werden. Das sind stark komprimierte Audiodateien.

Um z. B. eine WAV- oder WMA-Datei in MP3 umzuwandeln, kann das kostenlose Programm Switch (www.nch.com.au/switch) benutzt werden.

Definition

Videoslideshows

Fotografien werden mit Videosequenzen verknüpft – eine bisher kaum verbreitete Darstellungsform, die jedoch die Vorteile der beiden Medien kombiniert. Erstellen kann man diese Anwendungen u.a. mit der kostenlosen Software Vuvox (siehe Seite 104), sehr viel kostspieliger, aber auch eleganter mit Final Cut (Apple) oder einem entsprechenden Schnittprogramm für PC, z.B. Adobe Premiere. Ein gutes Beispiel ist »The Golden Hour« auf tampabay.com: http://is.gd/7ir7P (mit Final Cut produziert).

Bewegte Bilder

Text, Foto, Audio – neben Grafiken kommen im multimedialen Kanon noch Videos dazu.

Definition

Achsensprung

Durch Standortveränderung der Kamera zwischen zwei aufeinander folgenden Einstellungen werden die Seiten vertauscht. Die Kamera darf einen 180-Grad-Halbbogen nicht verlassen, sonst werden in der Wahrnehmung der Zuschauer die Seiten vertauscht.

Die gute Nachricht zuerst: Wer kurze Filme fürs Internet drehen will, braucht keine große und teure Kameraausrüstung.

Literatur

Da ist alles Wichtige drin und für Anfänger sehr gut erklärt: Horst Werner: Fernsehen machen. Konstanz 2009.

Zwei Klassiker zum Thema:

Gerhard Schult/Axel Buchholz: Fernseh-Journalismus: Ein Handbuch für Ausbildung und Praxis. Berlin 2006.

Martin Ordolff: Fernsehjournalismus. Konstanz 2005.

Eine kostengünstige Alternative sind z. B. Flipkameras (www.flip.com) oder andere Minikameras wie die Kodak Zi8, an die man ein externes Mikrofron anschließen kann. Das ist bei der Flip-Kamera leider nicht möglich.

Tipp

Unter der Überschrift »Why equipment isn't everything« hat Kirk Adam Mastin den Vergleich zwischen einem mit einer Hightechkamera und einem mit einer Flipvideokamera gedrehtem Video ins Netz gestellt: http://is.gd/c0m95.

Überzeugend an diesen kleinen Geräten ist vor allem der einfache Übertragungsweg der Aufnahmen auf einen Computer über USB-Stick, also keine lästigen Kabel.

Tipps

Drehen fürs Web

- Längere Einstellungen wählen, denn jedes Mal, wenn die Einstellung wechselt, fängt der Rechner an, Daten neu zu berechnen und neu zu laden.
- Nicht zu viel Bewegung im Hintergrund.
- Möglichst immer mit einem Stativ arbeiten.

Auch eine simple Software wird mitgeliefert, mit der man das Material grob bearbeiten kann. Die Kameras haben ein Gewinde für große oder kleine Stative. Der Zoom ist kaum zu gebrauchen. Doch um gute Aufnahmen zu erhalten – Ton und Bild – gilt ohnehin: nah herangehen!

Beim Dreh vor Ort

- Vor dem Dreh überlegen, welche Bilder von wem und was unbedingt notwendig sind für die Geschichte. Aus diesen Überlegungen ein Storyboard erstellen und vor Ort dabeihaben. Aber: sich nicht stoisch daran halten, sondern sich auf überraschend Gutes einlassen – nach dem Motto: Hab' einen Plan, aber zögere nicht, ihn zu ändern.
- Immer im Kopf haben: Wie könnte ich die Geschichte nur mit Bildern erzählen, also ohne jeglichen Text, welches Bild kann diese oder jene Aussage illustrieren?
- Aktion und Reaktion drehen, z. B. Bühne und Publikum. Aktion und Emotion festhalten – was tut sich, was regt sich?
- »Five-Shot-Regel« beherzigen: 1. extremes Close-up von Aktionen, 2. Close-up der Person, die das gerade macht, 3. Aufnahme von Gesicht und Aktion in naher Einstellung, 4. Over-the-Sholder, d. h. aus Blickrichtung der agierenden Person, 5. eine weitere notwendige oder ungewöhnliche Perspektive, sich dafür etwas einfallen lassen.
- Establishing Shots – ja! Diese spezielle Form der Totalen gibt dem Publikum einen Überblick über die Szenerie und ist deshalb wichtig.
- Nicht den Kamerazoom benutzen, sondern näher herangehen: Zoom with your feet! Begib dich in die Situation, auch wenn du nasse Füße bekommst

Checkliste

oder deine Höhenangst überwinden musst. Dafür gibt es neben der besseren Optik einen guten Grund: Geh nah heran, um eine inhaltliche Nähe zur Situation oder Person herzustellen.
- Keine Schwenks (horizontale Kamerabewegung), denn diese müssen eine gewisse Mindestlänge haben und sind schwer einzubauen. Und niemals die Kamera von oben nach unten und umgekehrt bewegen.
- Viele kurze Einstellungen aufnehmen, um eine große Auswahl zum Zusammenbauen zu haben. Also oft den »Aufnahme aus«-Schalter drücken. Auch an Zwischenschnitte denken: Bilder der Protagonisten, auf denen sie nicht reden, Nah- und Detailaufnahmen aus der Umgebung oder z. B. der Hände.
- Abgeschlossene Sequenzen drehen, d. h. Bildfolgen aus verschiedenen Einstellungen: Totale, Mittlere oder Amerikanische, Nah, Groß, Detail. Damit hat man beim Schnitt größere Flexibilität und kann auf der Bildebene Annäherung, Begegnungen, Gegenüberstellungen ausdrücken. Die amerikanische Einstellung heißt so, weil sie in Western den Colt noch zeigte.
- Ungewöhnliche Perspektiven wählen: auf den Boden legen, auf eine Leiter oder etwas anderes steigen.
- Interessante Charaktere finden. Viele Leute haben erstaunlich tolle Geschichten zu erzählen. Man muss sie nur danach fragen.
- Was ist sonst rundherum zu hören? Was ist der natürliche Sound in der Situation? Was stört? Das heißt: Immer Kopfhörer tragen.
- Zwischendurch tatsächlich oder innerlich zurücktreten, nachdenken, wieder beginnen.
- Aufnahmen – wenn es notwendig und möglich ist – wiederholen und die Interviewpartner oder Protagonisten um Wiederholungen oder Neufassungen bitten. Beim zweiten Mal formulieren die meisten Menschen kürzer und pointierter.

Verbreitete Programme für den Videoschnitt sind: Final Cut Pro oder in der abgespeckten Express-Version, beide für Mac-Rechner, sowie Avid und Quantel. Zwei kostenlose Alternativen für ambitionierte Amateure heißen Movie Maker (Windows) und iMovie (Apple).

Beispiele

- Ein schönes Beispiel für kurze Filme mit starker Wirkung sowie eine gute Idee für eine Videoreihe: »onBeing« auf washingtonpost.com: http://is.gd/6jvvU.
- Interviews in Kapiteln, Beispiel auf nytimes.com: »Led by the Taliban«: http://is.gd/6jlsY.
- Chronik der Bundestagswahlen, eine Zeitleiste mit Text, Fotos und Videos auf faz.net: http://is.gd/6jKNt.

Wer in sein Blog oder auf seiner Website eigene Videos stellen will, kann diese bei YouTube oder Vimeo hochladen und darauf verlinken.

Literatur

Weitere Hinweise zum Videoschnitt in:

Hans Beller (Hg.): Handbuch der Filmmontage. Praxis und Prinzipien des Filmschnitts. Konstanz, 5. Auflage 2005.

Interaktives Fernsehen, Web-TV, Internetfernsehen

Warum einen Computer mit Bildschirm und einen Fernsehbildschirm in der Wohnung haben, wenn im digitalen Zeitalter ein Gerät beides darstellen kann? Soll unter den in der Überschrift genannten Begriffen mehr verstanden werden als die Live- oder zeitversetzte Übertragung von Fernsehprogrammen über die technische Plattform Internet, handelt es sich um die Möglichkeit, zusätzliche Informationen zu den Sendungen aus dem Internet anzuschauen oder aktiv in das Programm einzugreifen. Ein Beispiel sind Liveumfragen oder Bewertungen zu Themen in den Sendungen. Was darüber hinausgeht, würde die Nutzungsgewohnheiten beim Fernsehen – eher eine entspannte Konsumentenhaltung – völlig verändern: statt »lean backward« dann »lean forward«. Es erfordert aber selbstverständlich auch ein komplettes Umdenken bei den Anbietern und Redakteuren klassischer Fernsehprogramme: Von Nutzern erstellte Inhalte werden eine feste Größe im Programm sein.

Beispiele

- Analyse der Fernsehdebatte der US-Präsidentschaftskandidaten McCain und Obama 2009, »The Debate Decoder« auf washingtonpost.com: http://is.gd/6jMl1. Im Transkript der Debatte sind Zusatzinformationen eingebaut; außerdem können von dort einzelne Segmente im Video angesteuert werden.
- Das Projekt Gaza-Sderot auf arte.tv (http://is.gd/7paet), ist eine aufwändige Onlineproduktion, die in Zwei-Minuten-Videos über Menschen im israelischen Sderot und im palästinensischen Gaza berichtet. Die Navigation läuft über eine Zeitleiste, über die Orte und über die Personen.
- Die Klimakonferenz in Kopenhagen im Dezember 2009 wurde von tagesschau.de u. a. im Web-TV-Format begleitet. Symbole am Bildschirmrand zeigen an, welche Zusatzinfos angeschaut werden können: http://is.gd/6jQD5
- Der deutsch-französische Sender Arte bietet auf der Internetseite http://liveweb.arte.tv/de Kulturschaffenden die Möglichkeit, Mitschnitte von Konzerten und anderen Performances hochzuladen.

Im Netz gibt es bereits einige Beispiele für Anwendungen, die die fernsehtaugliche Aufzeichnung eines Ereignisses mit Zusatzfunktionen verknüpfen, die übers Internet abrufbar sind.

Fernsehsender entwickeln auf Basis der Digitalisierung und im Zuge der Konvergenz Möglichkeiten, durch die das Publikum aktiv das Programm begleiten und mitgestalten kann. Bei dieser Entwicklung geht es im Prinzip um die Grundidee: Fernsehen mit Rückkanal via Internet.

Beispiele

- Einen innovativen Schwerpunkt setzt »Current TV«: Der Kanal sendet von Usern erstellte Videos, die über ein Abstimmungssystem und von einer Redaktion ausgewählt werden. Hier gibt es den TV-Rückkanal: www.current.com. Betrieben wird der Sender vom ehemaligen US-Präsidenten Al Gore und dem Geschäftsmann Joel Hyatt.
- Danmarks Radio bietet alle TV-Programme im Livestream an und experimentiert mit dem Angebot, dass die Zuschauer sich über einen eigenen Kamera- und Mikrofonanschluss beteiligen können: http://is.gd/7pb2A.

In Zukunft wird – und genau das meint der Begriff Konvergenz in diesem Zusammenhang – die Trennung zwischen linearen Fernsehprogrammen und nicht linearen Angeboten in Form einzelner Module im Internet völlig aufgehoben sein.

Tipp

Wer mit Links und Texthinweisen im Video experimentieren möchte, ist auf bubbleply.com richtig.

Eine Grafik sagt mehr als ein Foto

Die Poynter-Eyetrack-Studie III kommt zu dem Schluss: »Eine erklärende Grafik kann einen Leser besser in eine Situation hineinversetzen als es einem Foto je möglich wäre.« Ziel beim Aufbereiten von Zahlen und Detailinformationen in einer Grafik ist es, auf einen Blick die Information erfassbar zu machen.

Im Internet können – wie in gedruckten Medien – statische Grafiken zur Illustration von Daten und Zahlen verwendet werden. Sehr viel aufwändiger, aber oft auch aufschlussreicher sind interaktive Grafiken.

Mit Säulen- oder Tortendiagrammen fängt es an, komplexer sind Verlaufs- oder Prozessgrafiken, sogenannte Prinzipiendarstellungen, die komplizierte Vorgänge, Zusammenhänge oder die Funktionsweisen von Maschinen illustrieren.

Thematisch kommen Beschreibungen unbekannter, für die User neuer Prozesse infrage. Alles, was für den Menschen nicht oder nur schwer zugänglich oder unsichtbar ist, eignet sich für eine grafische Darstellung (Mikrobiologie, Vorgänge im Körper, Weltraum etc.). Karten sind die perfekte Grundlage, um geopolitische Ereignisse darzustellen.

Überzeugende Darstellung von Daten

- Gapminder: http://is.gd/67z0b.
- »How Different Groups Spend Their Day« auf nytimes.com: http://is.gd/c33V2.

Übertragung aktueller Daten

- Wahlmonitor auf tagesschau.de: http://is.gd/c34tq. Noch während die Stimmen ausgezählt werden, werden die Zwischenergebnisse über sich aktuell aufbauende Säulen- und Tortendiagramme, sogenannte Bildstatistiken, auf der Website dargestellt.

Beispiele

Interaktive Grafiken

- »Kingdom of the Blue Whales« auf nationalgeographic.com: http://is.gd/aOpQ8.
- »Führerscheintest« (»test de tráfico«) auf elpais.com (spanisch): http://is.gd/6td4x.
- »Finding the known planets« auf nationalgeographic.com: http://is.gd/6tgGI.

Interaktive Karten

- »How do children in your state?« auf time.com: http://is.gd/c35kF.
- »Venice versus The Sea« auf nationalgeographic.com: http://is.gd/6tf5K.

Darstellung von Prozessen/Abläufen

- Notrufsystem des Mobilfunkunternehmens »Sprint Nextel« für Iredell County im US-Staat North Carolina: http://is.gd/6tl5O.
- »Small plane hits building in Manhattan« auf nytimes.com: http://is.gd/6tmyk.

Schlichte Animationen

- Einfach, aber erhellend im Eintrag zu »Tsunami« auf wikipedia.de: http://is.gd/6k4lM.
- »A cubic foot« auf nationalgeographic.com: http://is.gd/6tg50.

Tabellen und Grafiken haben offenbar eine große Anziehungskraft: Die Poynter-Eyetrack-Studie III stellt fest, dass sie öfter angeschaut werden als Fotos. Wichtig sei es vor allem, die interaktiven Möglichkeiten deutlich herauszustellen, weil sie sonst übersehen würden.

Grafiken entstehen in enger Zusammenarbeit mit den Experten auf diesem Gebiet. Die Redakteure müssen den Grafikern aber sagen können, was die inhaltliche Aussage der Anwendung sein soll. Vor allem müssen sie diese Inhalte korrekt recherchieren. Änderungen sind bei Grafiken weit schwerer durchzuführen als in Texten vor allem wenn sie mit dem Programm Flash gebaut sind.

Es ist sinnvoll, Ideen zusammen mit der Grafikabteilung zu entwickeln:

- Symbole, Icons, wiederkehrende Elemente,
- Bildideen für Fotos, Montagen, Zeichnungen.
- Was ist klickbar?
- Pop-ups, Mouse-over (Preview oder Text-/Foto-Info),
- Farben, Schriftgröße,
- Aufteilung des Screens.
- Was wird benötigt (Informationen, Bilder etc.)?
- Wie viel Aufwand (Zeit, Personal) kostet es?
- Skizze erstellen,
- Standards festlegen: Navigation, durchgängiges Design, Schriftart, Schriftgröße.
- Welcher Text an welcher Stelle?
- Welche multimediale Komponente für welchen Inhalt an welcher Stelle?
- Reihenfolge festlegen
- Was weglassen um der Verständlichkeit willen?

Tipp

Einfache, aber durchaus informative interaktive Karten zu erstellen, ermöglichen die Programme quikmaps.com und maps.google.de/maps/mm.

Web Documentary

Diese Dokumentationen aus Fotos, Videos, Animationen, Texten, O-Tönen aus Interviews oder Hintergrundgeräuschen von den Szenen vor Ort und manchmal auch Musik sind eine sehr komplexe Erzählform. Vergleichbar sind sie am ehesten mit Reportagen in den klassischen Medien: Sie sollen eine möglichst große Nähe zum Geschehen herstellen, tragen aber auch die persönliche und dadurch subjektive Note des Autoren. Der Nutzer kann dabei selbst – allerdings nur bis zu einem gewissen Grad – den Rezeptionsweg bestimmen, indem er die Reihenfolge und inhaltliche Verknüpfung der Elemente für sich bestimmt. Deshalb ist bei diesen Anwendungen die eindeutige und logische Navigation besonders wichtig: Welcher Inhalt befindet sich wo, wie kommt man zu einem bestimmten Punkt zurück, was geschieht nach dem Anklicken. Solche Produktionen werden bisher hauptsächlich von französischen, dänischen und amerikanischen Journalisten recherchiert, aufgenommen und für die interaktive Anwendung aufbereitet.

Beispiel

- Der dänische Bildjournalist Poul Madsen, der mit Kollegen zusammen die Agentur Bombay Flying gegründet hat, erzählt eindrücklich vom Leben auf oder eher: unter der Straße in Bukarest: http://is.gd/9ZxxL.
- Reuters-Reporter berichten über ihre Zeit als Kriegsreporter im Irak: http://is.gd/9ZttU Zusätzliche Informationen gibt es u. a. über Karten und eine Zeitleiste.

Einige besonders ausgeklügelte Webpräsentationen sind sogar mit interaktiven Videospielen vergleichbar:

In der Dokumentation »Journey to the end of coal« schicken Samuel Bollendorff und Abel Segrétín von der französischen Produktionsfirma Honkytonk ihr Publikum auf eine Recherchereise nach China. Die User können z. B. entscheiden, ob sie sich auf eine

Beispiele

offizielle Tour durch ein Kohlebergwerk begeben oder Nachforschungen über die Arbeitsbedingungen in den Minen auf anderen Wegen anstellen: http://is.gd/9ZnN1

Multimediaanwendungen mit allem Drum und Dran

Die Verknüpfungen von Fotos und Text, Fotos und Audio, Foto und Film sind in den vorangegangenen Abschnitten beschrieben worden. In Multimediaanwendungen werden mehr als zwei Medien zusammengeführt. In dieser Komplexität, Vielfalt und Erzählform ist diese Darstellungsform (bisher) nur im Onlinejournalismus möglich. Auch der Begriff »Mediaboxen« wird dafür verwendet.

Die wichtigste Entscheidung ist zu Beginn eines solchen Projekts, welches Medium für welchen Part der Geschichte am besten geeignet ist.

- Video: Bewegung, Aktion, Aktualität, hohe Glaubwürdigkeit (trotz Schnitt), etc.
- Audio: Theater im Kopf, schnelle Information über die Sprechenden (Dialekt, Alter, Gefühle), Unmittelbarkeit etc.
- Grafik: hohe Informationsdichte, Darstellung komplexer und unsichtbarer Vorgänge, Visualisierung von Trends und Daten etc.
- Foto: Zeit zum Betrachten, keine Sprachbarriere, kostengünstigere Produktion als Video, historische Quelle, Einzel- und serielle Verwertung etc.
- Text: hohe Erklärungstiefe für Zusammenhänge und Hintergrund, schnell und flexibel, kostengünstig, Links etc.

Literatur

Regina McCombs hat ein Raster dazu zusammengestellt (englisch): http://is.gd/6tpa0.

Eine ausführlichere Übersicht von Mindy McAdams (englisch): http://is.gd/a1B0h.

In der Userstudie Eyetrack III des Poynter-Instituts konnten Fragen nach Namen, Orten und genauen Fakten besser beantwortet werden, wenn die Kandidaten einen Text gelesen hatten. Informationen über nicht vertraute Prozesse und Abläufe wurden besser behalten, wenn es sich um eine multimediale Darstellung handelte.

Checkliste

Storyboard für Multimediaanwendungen

- Welche Zielgruppe soll erreicht werden? Was will und mag sie?
- Kernsatz formulieren: Worüber soll die Multimediaanwendung informieren?
- Wie personalisiere, verorte, veranschauliche ich mein Thema?
- Welcher Dramaturgie folgt die Geschichte?
- Was ist die Basisnavigation: eine Karte, eine Bilderstrecke, ein Text, Kapitel, eine Chronologie?
- Was sind meine wichtigsten Infos? Gibt es überhaupt eine Hierarchie?
- Auf welcher Ebene sollten sie auffindbar sein?
- Was gehört zusammen? Was soll verknüpft werden?
- Welche Texte, Karten, Bilder, Töne, Videos, Grafiken sind notwendig?
- Externe und interne Links sortieren: Was gehört zu welchem Themenabschnitt?
- Lohnt sich der Aufwand?

Warum sich multimediale Darstellungen lohnen, zeigen Beispiele aus dem Netz besser als alle Beschreibungen in Worten:

Beispiele

Multimediale Darstellungen

- In »13 seconds in August« hat die Redaktion von startribune.com es geschafft, einer Katastrophe in ihrem Verbreitungsgebiet und den Opfern ein Denkmal zu setzen: http://is.gd/6trVO
- Der Zugang zu den Geschichten auf den Galapagos-Inseln ist über eine Karte angelegt: http://www.livinggalapagos.org
- In der Multimedia-Anwendung »Defining the barrier« werden auf washingtonpost.com mit verschiedenen Medien die Anfänge des Sperrzaunbaus im Westjordanland geschildert: http://is.gd/6tsjZ
- Darstellung eines wundersamen Naturphänomens aus unterschiedlichen Blickwinkeln: »The Dancing Rocks of Death Valley«: http://is.gd/a2JiC
- In »Lauryn Williams, Stride for Stride« analysiert auf nytimes.com ein Experte Schritt für Schritt die Lauftechnik der US-amerikanischen Sprinterin: http://is.gd/6ts8D

Wer nicht bereits in einer Onlineredaktion arbeitet, tut am besten daran, möglichst viel mit freier Software und nicht zu teurer Ausrüstung auszuprobieren. Eine Soundslidesshow oder Vuvox-Präsentation zur Hochzeit der besten Freundin oder zum 70. Geburtstag der Mutter ist ein wunderbarer Anfang. Multimediales Denken beginnt nicht mit dem ersten Auftrag oder der Festanstellung, sondern kann auch schon vorher viel Spaß machen.

»The longest journey starts with the first step.«

Literatur

Alkan, Saim Rolf (2009): 1 x 1 für Online-Redakteure und Online-Texter: Einstieg in den Online-Journalismus. 2. Auflage, Göttingen.

Beller, Hans (Hg.) (2005): Handbuch der Filmmontage. Praxis und Prinzipien des Filmschnitts. 5. Auflage Konstanz.

Ebersbach, Anja/Glaser, Markus/Heigl, Richard (2010): Social Web, 2. Auflage Konstanz.

Fechner, Frank (2009): Medienrecht: Lehrbuch des gesamten Medienrechts unter besonderer Berücksichtigung von Presse, Rundfunk und Multimedia. Stuttgart.

Häusermann, Jürg (2005): Journalistisches Texten. Sprachliche Grundlagen für professionelles Informieren, 2. Auflage Konstanz.

Häusermann, Jürg (2008): Schreiben. Wegweiser Journalismus, Band 1. Konstanz.

Heijnk, Stefan (2002): Texten fürs Web. Grundlagen und Praxiswissen für Online-Redakteure. Heidelberg.

Holzinger, Thomas/Sturmer, Martin (2009): Die Online-Redaktion. Praxisbuch für den Internet-Journalismus. Hamburg.

Hooffacker, Gabriele (2010): Online-Journalismus. Schreiben und Gestalten für das Internet. Ein Handbuch für Ausbildung und Praxis. 3. Auflage Berlin.

Langer, Inghard/Schulz von Thun, Friedemann/Tausch, Reinhard (2002): Sich verständlich ausdrücken. 7. Auflage München.

McAdams, Mindy (2005): Flash Journalism: How to Create Multimedia News Packages, Burlington.

Meier, Klaus (2002) : Internet-Journalismus. Praktischer Journalismus, Band 35, 3. Auflage Konstanz.

Ordolff, Martin (2005): Fernsehjournalismus. Praktischer Journalismus, Band 62, Konstanz.

Pfammatter, René (Hg.) (1998): MultiMediaMania. Reflexionen zu Aspekten Neuer Medien, Konstanz.

Schneider, Wolf (1999): Deutsch für Profis. Wege zu gutem Stil, München (und andere ähnliche Titel von Wolf Schneider).

Schulmeister, Rolf (2007): Grundlagen hypermedialer Lernsysteme. Theorie – Didaktik – Design. München.

Schult, Gerhard und Buchholz, Axel (2006): Fernseh-Journalismus: Ein Handbuch für Ausbildung und Praxis, 7. Auflage Berlin.

Schweiger, Wolfgang (2001): Hypermedien im Internet. Nutzung und ausgewählte Effekte der Linkgestaltung. InternetResearch, Band 3, München.

Sick, Bastian (2004 ff.): Der Dativ ist dem Genitiv sein Tod, Band 1 bis 4, Köln.

Werner, Horst (2009): Fernsehen machen. Wegweiser Journalismus, Band 5, Konstanz.

Wieland, Melanie/Spielkamp, Matthias (2003): Schreiben fürs Web. Konzeption – Text – Nutzung. Praktischer Journalismus, Band 52, Konstanz.

Wirth, Thomas (2004): Missing Links. Über gutes Webdesign, 2. Auflage, Hamburg/Wien.

Viele Anleitungen auf Englisch für Programme und Geräte findet man, wenn man »Tutorial« und das entsprechende Stichwort bei Google oder YouTube eingibt.

Links zu Websites und Webdokumenten zum Thema Onlinejournalismus, alle Links aus dem Buch sowie weitere Hinweise finden Sie auf www.wegweiseronline.de.

Index